Gender Relations in Cameroon: Multidisciplinary Perspectives

Edited by
Emmanuel Yenshu Vubo

Langaa Research & Publishing CIG
Mankon, Bamenda

Publisher
Langaa RPCIG
Langaa Research & Publishing Common Initiative Group
P.O. Box 902 Mankon
Bamenda
North West Region
Cameroon
Langaagrp@gmail.com
www.langaa-rpcig.net

Distributed in and outside N. America by African Books Collective
orders@africanbookscollective.com
www.africanbookcollective.com

ISBN: *9956-727-47-4*

Table of Contents

iii

General Introduction

Emmanuel Yenshu Vubo

Since the question of gender made its way into social science and public debate, it has been the subject of varying interpretations. It has also become the object of political discourses, administrative institutionalization, militant sloganeering from activists and passionate appeals from social movements and the civil society. A veritable intellectual fashion has also developed around the question of gender parallel to the emergence of an autonomous domain worthy of dispassionate scholarship in its own right. However, for a long time this has been still closely associated with ideological preoccupations limited to specific problems as lived by women and militant pronouncements by some female intellectuals who have tended to misconstrue such scholarship as an arm of combat in a war of the sexes. The following remark by Claude Rivière (2000: 85) is telling:

> Les études féministes depuis une quarantaine d'années ont pris pour cible la domination male, sans pouvoir induire quoi que ce soit à partir d'une thèse inverse, et en amplifiant seulement un projet de dynamique sociale pour les sociétés développées: de quelle manière cette situation peut-elle être modifiée délibérément dans la construction des identités ?/Feminist studies over the past forty years have targeted male domination without exploring the possibility of an argument in the opposite direction. On the contrary, it has rather only blown a vibrant project essentially meant for developed societies out of proportions. How can this situation be deliberately modified in the development of identities?

Uncritically following this line of thought, some African intellectuals and activists have thus not hesitated to beg the question by simply transposing western paradigms into the African context, the school of thought also "recognized by their tendency to export the debate on women's rights outside Africa and by their easy option for ideological borrowing"(Toure, Cellou and Diallo 2003: 2). There is more to this than the preoccupation than emancipation, liberation or struggle.

This book is based on the premise that social relations constructed around sexual differences are first and foremost social constructs that must be studied from a social science perspective. These are specific to socio-historical context and are multidimensional, touching on a variety of dimensions of social life. The seven contributions to this book therefore treat the evolving African situation – and the case of Cameroon - as unique and several aspects of the question as worthy of independent study although they are interrelated. Four of the studies are from an anthropological perspective, two from language studies or "sciences du language" as the French would have it, one from legal studies and one from economics. Apart from the first paper which provides a general orientation on an anthropological approach to the question, each chapter is devoted to a specific domain: education and cognitive development, association life, place in the rural economy, widowhood practices, entrepreneurship and gender relations in the early period of German colonial rule in Cameroon (that which is often considered one of pacification).

The diversity of issues treated here highlights some basic facts about gender that are often overlooked:

- *The general socially embedded nature of gender relations.* In other words, gender is pervasive in nature and is reflected in all domains and dimensions of the social fabric. As such, it should not be taken in isolation but as a total social fact as Marcel Mauss would have it;

- *The pervasive nature of gender in the social fabric.* Gender is not an autonomous sphere of its own but one that cuts across social life in general and is at the very heart of social life itself;

- *Gender cannot be extricated from its societal context* in which it is couched and within the different spheres (economy, politics, social life, culture…) that are more or less autonomous. As such, the purposively selected studies are very much about how gender is constructed in several spheres rather than being a specific sphere itself.

All the studies have the preoccupation of symmetry or equilibrium both as a reality as opposed to the observed dissymmetry in social science studies (Ferréol et al. 1995: 221) and a socially desirable goal. The first study by Yenshu Vubo strikes a balance between the two as both an intellectual and a practical preoccupation that can be pursued in a complementary manner. In the first instance he partially follows the path proposed by Arnfred through the argument that "food for … imagination may be found in the pre-colonial period and – through a gaze equipped with the relevant concepts – even in aspects of contemporary life"(Arnfred 2003:8). He thus introduces the concept of symmetry and dissymmetry as historically constructed at specific epochs and therefore capable of undergoing a new reformulation in contemporary times. In that way, the germ for positive gains is contained in some vestiges of the past that constitute exploitable indigenous resources. This argument is taken up by Njoya in his study of women's self-help groups among the Bamum and Farnyu's study of access to land in Wimbum society.

However, there is a warning against idealizing these facts because of an overarching process of the "patriachialization of African societies through colonisation, religion (Christianity and Islam) and state formation. The present situation in Africa is a product of these patriarchializing influences, supported by patriarchializing interpretations of social life, delivered first and foremost by European social anthropologists" (Arnfred ibid.). This falls in line with Bourdieu's affirmation on the historical rootedness of processes that determine gender relations over time, especially the regime of patriarchy, which he describes as:

…l'histoire de la recréation continue des structures objectives et subjectives de la domination masculine qui s'est accomplie en permanence, depuis qu'il y a des hommes et des femmes, et à travers laquelle l'ordre masculin s'est trouvé continûment reproduit d'âge en âge »/the history of the continuous production of objective and subjective structures of male domination which developed permanently since men and women have existed and through which the masculine order has been reproduced throughout the ages (Bourdieu 1998: 9).

This is how the several bench mark epochs in African history have created a situation wherein women are both bearers of formidable social and cultural capitals and victims of a social structure over which they have no control. This is reflected in the analysis of the ethnographic reports of Lene Hasse by Alexandre Ndeffo Tene at the end of this book.

The first article is therefore also preoccupied with how to come out of this paradox. One of the ways is the restructuring of social relations by overcoming the essential obstacles and resourcing social movements that are bifurcated into "the two [unconnected] faces of African feminism" (Touré, Cellou and Diallo op it.: 2) which have to be reworked into one (ibid.: 3). In the latter regard, this is the "social and cultural balance Africa needs so much to enter into the third millennium", that is, a "mix of intellectual and popular forms of feminism and the models they propose" (ibid.: 3). It is also by repairing the fault lines in gender relations that are inherent in the system of education (Fandio Ndawouo), exploiting the possibilities offered by social capital in the economy (Vukenkeng) and revisiting widowhood practices (Temngah). These are reforms that can only be better undertaken only after elaborate strategizing best informed by critical social science studies of the type undertaken in this book.

References

Arnfred, S., "African Gender Research: A view from the North", *CODESRIA Bulletin*, No 1, 2003, pp. 6-9.

Bourdieu, P. 1998. *La Domination masculine*. Paris: Seuil.

Ferréol, G., P. Cauche, J.-M. Duprez, N. Gadrey and M. Simon. 1995. *Dictionnaire de Sociologie*. Paris: Armand Colin.

Riviere, C. 2000. *Anthropologie politique*. Paris: Armand Colin.

Touré, M., C. Barry et P. Diallo, « The two faces of African Feminism », *CODESRIA Bulletin*, No. 1, March 2003, pp. 2-3.

Pour une socio-anthropologie des rapports sociaux de sexe : à propos d'un modèle symétrique

Emmanuel Yenshu Vubo

Introduction

Au Cameroun, les études sur le facteur dit genre ont toujours constitué une part importante des travaux de sciences sociales, en général, et ceux de sociologie et d'anthropologie, en particulier. Ces recherches ont souvent eu pour préoccupations majeures la place de la femme dans la société traditionnelle, son implication dans le processus de décolonisation, les modifications de son statut en rapport avec la modernisation, son implication et sa mobilisation autour des problématiques du développement et l'intérêt qu'elle manifeste par rapport aux questions politiques. Elles ont évolué également avec l'esprit du temps. Nombre des publications des années 1960 -1970 sur les structures traditionnelles de mobilisation féminine ont été suscitées par l'engagement des femmes dans la lutte pour l'indépendance du Cameroun sous mandat britannique dans les années 1950 (Ritzenthaler, 1960 ; Ardener, 1975). En soulignant le militantisme de la femme, ces travaux ont contribué à sortir le sujet de sa marginalité dans les sciences sociales dans ce pays. Il n'y a qu'à regarder la place qui lui est accordée dans les mémoires et thèses dans les universités pour mesurer l'ampleur de cette tendance. On peut citer dans la même lignée les travaux de Barbier (1985) et de Diduk (1987, 1989, 2004) qui ont renforcé une réorientation vers une pluralité des perspectives. Dans cette optique, la femme camerounaise apparaît non plus comme épouse et mère docile mais de plus en plus comme militante autour de causes politiques.

D'autres publications ont, pour leur part, largement suivi la vogue développementaliste et féministe des trois décennies qui ont suivi l'indépendance. C'est ainsi que certains travaux se sont inspirés des modèles *WID* (*Women in Development*, « Femmes dans le Développement ») et *GAD* (*Gender and Development*, « Genre et Développement ») développés au niveau transnational (PNUD, ONGs, Programmes de développement international de certaines universités du Nord). Les cadres théoriques, conceptuels et méthodologiques de certains travaux, de ce fait, obéissent aux impératifs arrêtés par les différentes conférences internationales (notamment celles de Nairobi et de Pékin) consacrées à la femme (Chinje, 1997 ; Endeley et al. 2004 ; Fonjong 2012). D'autres cadres sont informés par les sciences humaines et les humanités dans leurs diversités (cf. par exemple Atanga, 2008, 2009).

Le renouveau de la démocratie formelle (ouverture de l'espace politique, légalisation des partis politiques, libéralisation de la société civile) a vu resurgir des mouvements aussi divers que ceux engagé dans défense des droits de l'homme et des droits fonciers, la mobilisation au sein des associations de développement et la formation des structures modernes à caractère nettement féministe (associations socioprofessionnelles, mutuelles, ligues de défense des droits de la femme). Des travaux consacrés à ces mouvements sont clivés entre une approbation du rôle des structures traditionnelles dans le renouveau démocratique et un optimisme exagéré sur le potentiel transformateur du mouvement moderne (comme c'est d'habitude le cas avec « la vision angélique » des organisations de la société civile). La littérature des années 1990 et de la première moitié des années 2000 est dominée par une tendance à traiter les mouvements féministes de ces deux niveaux comme une composante particulièrement efficace de la société civile dans la tradition non critique et angélique évoquée par François Houtart (1998 : 13-19).

Quand c'est l'efficacité ponctuelle et spatialement limitée des mouvements régionaux des femmes qui est saluée, les auteurs oublient souvent de traiter des questions de transformation plus globales au niveau national, la globalisation des préoccupations féministes et le décalage ou le manque de synergie entre les deux niveaux de mobilisation. Notre souci est uniquement de contribuer, pour notre part, au débat, convaincus que nous sommes, qu'il est possible de resituer ce débat à l'aide d'outils conceptuels, théoriques et méthodologiques fournis par la sociologie et l'anthropologie. Notre discussion dans ce chapitre va s'articuler autour de deux axes, à savoir la socio-anthropologie des rapports sociaux de sexe dans son contexte socio-historique et l'intégration de la femme dans le processus de développement.

Socio-anthropologie des rapports sociaux de sexe : symétrie et pouvoirs

Contre les théoriciens de la domination, de la subordination, de la marginalisation et de l'exploitation pure de la femme à travers le temps et l'espace, on peut proposer un modèle d'équilibre structurel (qu'on qualifierait de symétrique). Ce dernier repose sur une symétrie homme/femme, dans le contexte de la parenté et des droits de protection des ressources de la terre, là où d'autres ne voient que les droits d'exploitation (*use rights*). Ce modèle nous permet de souligner les sources des droits de la femme et de ses pouvoirs réels dans le monde traditionnel africain. Nous voulons aller au-delà une approche individualiste pour mettre un accent sur les structures sociales et les dynamiques de groupe en analysant la femme dans son rôle de mère/épouse, de fille et de sœur avec des attributs de pouvoir inscrit dans la structure de parenté (Amadiume 1997 : 15) ou au sein des sociétés secrètes, des structures de mobilisation et des mystères féminins (Eliade 1959 :171-180).

Un regard sur la parenté démontre comment sa structure façonne des statuts et des relations sociales. Les femmes occupent différents statuts selon qu'elles soient épouses (donc femmes dans le groupe de parenté), filles ou petites-filles. De même, le statut des hommes varie selon qu'ils soient époux (ou hommes adultes) ou « fils de filles » (petit-fils utérin). Dans certains groupes, des femmes occupent une position d'égalité symétrique vis-à-vis des hommes en tant

3

qu'épouses dans des groupes de parenté. Un homme peut occuper une position élevée par rapport à ses sœurs au sein du groupe de parenté patrilinéaire dont il est membre mais son statut devient subordonné, quoique privilégié, quand il se présente comme petit-fils au sein du groupe du père de sa mère. Dans le système matrilinéaire Kom, par exemple, il y a, d'une part, le statut de membre de groupe (*wul ndo*) et, de l'autre, celui d'enfant au sein du groupe (*wain ndo*) (Yenshu Vubo, 2000).

Tableau 1 : Présentation comparative des statuts symétriques entre les systèmes de filiation

Qualité du statut	Système patrilinéaire		Système matrilinéaire	
	Statut de la femme	Statut de l'homme	Statut de la femme	Statut de l'homme
Statut supérieur	Épouses (femmes/ mères)	Hommes (membres); fils (membres); garçons descendants des filles non mariées (membre)	Épouses (femmes/ mères)	Membres males (*wul ndo*)
Statut inférieur	Fille mariée; fille descendante d'une fille (mariée)	Garçons descendants des filles mariées (avec des droits et des obligations)	Enfants des filles non mariées (*wul nchi*)	Enfants des membres mâles et femelles (*wain ndo; pl. woindo*)

4

L'égalité ici est dite symétrique parce qu'elle s'exprime dans des domaines particuliers et exclusifs. Selon la logique des systèmes sociaux étudiés, on ne peut aucunement prétendre mettre tout le monde au même niveau dans tous les domaines. Il y a des domaines où les femmes ont des droits, des privilèges et des obligations dont sont exclus les hommes, et vice-versa. De ce fait, l'idée de marginalisation ou de subordination de la femme dans la société traditionnelle, telle qu'elle est véhiculée dans une certaine littérature, est fallacieuse. Par conséquent, le regard sur la culture des rapports hommes/femmes est également déformé. Quand on insère le modèle dans le système des relations transethniques, on peut alors mieux apprécier sa valeur heuristique. Qu'il s'agisse des peuples à parenté patrilinéaire ou de ceux à parenté matrilinéaire, la tendance est à l'équilibre des pouvoirs et à la symétrie dans les relations sociales. Nous sommes d'accord avec Ifi Amadiume (1987) qui avait parlé de la souplesse des idéologies africaines de parenté avec des structures du pouvoir relativement intégrées entre sexes mais nous allons plus loin pour indiquer que ces faits ne sont pas limites aux seules sociétés sans Etat comme elle semble suggérer.

On peut étendre ce modèle à l'étude de la vie associative où l'on peut tout aussi bien observer cet équilibre et cette symétrie (Yenshu Vubo, 2006). Dans un certain sens, il n'y a pas seulement des droits et des privilèges. On peut plutôt parler de droits à la contestation qu'on trouve dans des mouvements institués de mobilisation sociale qui sont essentiellement féminins (Nkwi, 1985 ; Diduk, 1989, 2004). L'organisation de la vie associative en milieu traditionnel est source de pouvoirs et de droits féminins, en ceci qu'elle sépare les sphères publiques selon les rapports sociaux de sexe. C'est ainsi que les structures de mobilisation des femmes ont le droit de regard sur le respect des mœurs et la gestion de la cité. Si les hommes gouvernent à travers des conseils associatifs ou des grandes sociétés dites secrètes (*kwifon, ngwerung, ekpe, njock, esapa, butame, dioh, so'o, ngè*), les femmes sont gardiennes des mœurs au sein de leurs structures de mobilisation (*anlu, fumbwen, ekpa, malowa/maloba, nyangi, jengu, mevungu*). C'est de la sorte qu'il y a équilibre et complémentarité (dans un esprit de

5

tolérance) au niveau macrosociologique. On peut y ajouter d'autres formes d'équilibrage, à savoir les privilèges accordés à certaines femmes au sein de la structure sociopolitique (reines mères, prêtresses, confidentes des rois). Parlant de la société traditionnelle bamiléké – ce qui est vrai pour l'ensemble des hautes terres de l'Ouest du Cameroun mais aussi pour beaucoup d'autres peuples d'Afrique –, Georges Balandier a fait allusion à une « aristocratie féminine » à la tête de laquelle on trouve des reines–mères, des épouses de chefs et des femmes issues des lignages notables (Balandier, 1974 : 46). Cette « dialectique de pouvoir » n'est pas seulement le propre de ces sociétés hiérarchisées et aux pouvoirs centralisés mais est également en œuvre dans les sociétés dites acéphales plus au Sud (Mbock, 2004).

On devrait toutefois éviter de tomber dans le piège de l'idéalisation. En effet, Mathieu souligne que si « certaines études d'inspiration fonctionnaliste et encore traditionnelle voient l'idéologie androcentrée de la part de la société comme effet de surface et insistent sur le pouvoir "réel" , quoique moins visible, des femmes dans la complémentarité des sexes (conçue comme symétrique ou asymétrique) », « la question est celle de savoir si les femmes ont du pouvoir ou de la valeur dans le domaine qui leur est assigné ou si elles ont, sur les hommes et la société, le pouvoir de décision finale et globale qu'ils ont sur les femmes et la société » (Mathieu, 2001 : 227). Il est maintenant largement attesté que le statut de la femme varie de société en société (Rivière, *op. cit.* 82-83), qu'il y a tendance à un « équilibrage de pouvoirs masculins et féminins » mais que la tendance générale est « à faire barrage à l'accès de femmes au pouvoir » (*ibid. :* 84). Parfois, les gains des phénomènes d'équilibrage sont annulés par une domination masculine ouvertement affichée.

Certaines sociétés secrètes et, surtout, des conseils associatifs de pouvoir, constituent, pour leur part, des instances majeures d'exclusion des femmes et de structuration des relations en termes de déséquilibre. Mes recherches sur la vie associative en milieu traditionnel (Yenshu Vubo 2012) révèlent un processus historique où les femmes ont été fondatrices de puissantes sociétés avec d'énormes

6

pouvoirs politiques mais dont elles ont perdu le contrôle après une masculinisation parfois totale (voir aussi Bureau 1962). Historiquement, la prolifération de ces structures marque un tournant dans un renversement des forces et des valeurs (Engard, 1989 : 147). L'idéologie de protection des femmes et des enfants qui sous-tend cette vie associative ne sert qu'à masquer une désarticulation des relations sociales, situation que Diduk (1987) qualifie de *paradoxe*. L'équilibrage est donc subverti au nom de la protection et, de par ce fait, les femmes rejoignent les enfants et les jeunes sans emplois désœuvrés dans la catégorie des cadets sociaux de la société traditionnelle.

Plusieurs facteurs expliquent cette situation. La subordination des femmes est intimement liée à certains phénomènes de longue durée qui ont marqué l'Afrique dans son passé précolonial. On peut citer, dans ce registre, les guerres d'esclavage, les conflits prolongés et la précarisation des relations intercommunautaires (nécessitant une militarisation des hommes) et les différentes traites (négrière et transsaharienne). N'est-ce pas dans ces contextes que les femmes deviennent objets marchands dans une économie domestique où leur main-d'œuvre est prisée et où l'idéologie de protection prend forme ? Claude Meillassoux indique, à cet égard, que « les hommes y sont destinés à la traite européenne, les femmes et les jeunes à la traite intérieure, à l'utilisation agricole et domestique », « les femmes étant toujours préférées aux hommes » (Meillassoux, 1978 : 128).

C'est aussi paradoxalement en ces moments que les femmes sont devenues (avec les enfants) des objets de protection et des cadets sociaux dans des communautés déstabilisées par des guerres et des conflits. La militarisation des communautés pour des fins de sécurité est profitable pour certaines communautés mais elle contribue à éclipser les femmes. C'est pourquoi la monté des sociétés secrètes masculines est un corrélat de la militarisation des communautés consécutive aux conflits qui s'étendent du XIIe siècle jusqu'à l'aube de la colonisation. De la même manière, on peut situer l'institution de la valeur monétaire des dots dans la dynamique de circulation marchande des femmes esclaves. Il n'est pas aussi à exclure une

7

relation de cause à effet entre la monétarisation de la dot et l'abaissement du statut matrimonial et domestique de la femme. En plus, avec l'imposition de l'Islam dans certaines parties du continent (et plus tard le christianisme) il y a eu une masculinisations des religions africaines (Amadiume 1997 ; Yenshu 1998) qui changea fondamentalement le statut de la femme.

Voilà un schéma dans lequel se sont développées, dans un processus cumulatif, une certaine forme de patriarchie et la relégation de la femme au statut de cadet social. Celle-ci se trouve exclue de la sphère publique à travers une vie associative monopolisée et dominée par les hommes et dans une idéologie paradoxale de protection. Les conflits intercommunautaires donnent lieu à une militarisation des structures sociales qui exclut les femmes et fait des hommes des protecteurs de cadets sociaux (femmes, jeunes et enfants). Il y a également monétarisation et chosification des femmes en tant qu'objets marchands de valeur dans le circuit des échanges de biens matériels (pendant et après la traite négrière). La culture du harem ou de la grande polygamie et la réclusion en terre conquise par l'Islam obéissent à la même logique qui dévalue et rabaisse les femmes au niveau des cadets sociaux (Boutrais, 1984 : 257-259).

Ce modèle que je viens d'esquisser plus haut se trouve au niveau latent de la structuration des relations sociales et sert, dans des situations concrètes, de modèle explicatif. On peut le qualifier d'idéal-typique au niveau sociologique bien qu'il soit essentiellement culturel et, par-là, normatif. Ce modèle se trouve en toile de fond dans la sous-strate de la réalité sociale : il anime et explique les situations de normalité de même que des déviances, des anomalies et des changements. Dans ce cas, on peut affirmer, dans une logique structuraliste, que nous avons élucidé un modèle culturel qui nous sert de guide à l'interprétation des faits. Il n'est pas purement théorique ou créé de toutes pièces d'une manière scolastique (Bourdieu, 1987, 1994, 2004). Je suis, dans cette voie, Claude Meillassoux qui préconise qu'il faut fonder « une méthode sur les faits, plus que sur les formes, susceptibles de favoriser la perception des logiques évolutives inhérentes aux phénomènes sociaux plutôt

8

que celle des circonvolutions cérébrales des penseurs auxquels elles sont soumises » (Meillassoux, 2001 : 5).

Il y a toutefois des modifications dans ces structures dans un contexte de modernisation, notamment en termes de déséquilibres, d'inégalités et de relations de domination-subordination. Ces mutations donnent naissance à l'introduction de l'économie de marché, à l'adoption de plus en plus généralisée du modèle nucléaire de la famille et de la parenté (voire d'une nucléarisation de la cellule familiale), à l'urbanisation et à des modifications dans les valeurs. En même temps qu'il y a modifications de structures et donc déséquilibrages, il y a aussi des adaptations créatives qui donnent lieu à un mélange tradition/modernité, quand bien même il y aurait conflit.

Tableau n° 2 : Structures binaires et symétriques entre « sociétés» d'hommes et « sociétés » de femmes

N°	Groupe	Sociétés d'hommes	Sociétés de femmes
1	Kedjom	Kwifon	Fumbwen
2	Kom	Kwifon	Fumbwen
3	Beti	So	Mevungu
4	Wapke	Malle	Malowa
5	Ejagham/Bayang	Epke	Ekpa
6	Duala	Jengu (mâle)	Jengu (femelle)
7	Bafaw	Esapa	Nyangi
8	Balong	Njock	Maloba
9	Bakundu	Malle	Maloba
10	Barombi	Malle	Maloba

Des nouvelles pratiques culturelles modernes, une économie de marché, un nouveau système juridique et des nouvelles structures sociales ont renforcé les pouvoirs masculins et créé une invisibilité du côté des femmes. En effet, dans la catégorie de sujet colonial, celles-ci

9

ont constitué un sous-groupe invisible et muet au moment où les hommes sont intégrés, ne serait-ce que partiellement dans les circuits de la modernité par leur incorporation dans certaines dimensions du système colonial. Les hommes, en effet, furent les seuls dont la main-d'œuvre fut exploitée, donc valorisée. Ils furent aussi les seuls à être impliqués dans l'administration, même si c'était au plus bas niveau et dans l'armée coloniale (en temps de guerre). Ce sont une fois de plus eux qui furent invités à entrer dans les ordres religieux ou qui furent impliqués dans le tissu commercial (certes marginal) et agricole de l'économie. Ce sont encore eux à qui fut donnée la possibilité de s'engager dans la culture de rente. Le colonialisme apporta, pour sa part, des idéologies très masculinisées des rapports sociaux de sexe qui modifièrent les structures sociales en faveur des hommes (Amadiume 1987 : 610).

Il faut souligner le fait que les conséquences de ces mutations varient considérablement selon le contexte. C'est ainsi que les mouvements de populations vers des plantations des complexes agro-industriels ou des mines et l'introduction de la culture de rente entraînent la transformation du statut de la femme dans une nouvelle division de travail. Au fur et à mesure que les activités économiques deviennent monétarisées et sont l'apanage des hommes, les femmes perdent en influence dans la structure des rapports sociaux de sexe. L'amorce de la scolarisation au seul profit des garçons les défavorise davantage, sans parler de l'idéologie judéo-chrétienne réinterprétée au profit d'une subordination des femmes à leurs maris au nom de l'obéissance à la loi divine. Ainsi, aux anciennes désarticulations situées dans l'histoire viennent se greffer des mutations plus récentes et d'origine étrangère.

Les processus de l'indépendance aux contours divers et divergents furent essentiellement une affaire d'hommes, comme l'a été la définition des politiques au sein des États postcoloniaux. Les nouvelles structures patriarcales amorcées bien avant connurent un développement rapide au cours des premières décennies qui suivent l'indépendance. Le contrôle de l'État, de sa bureaucratie et de l'économie moderne fut l'apanage des hommes. La scolarisation des garçons fut privilégiée jusqu'à très récemment. Une certaine législation restreignait certaines activités de femmes. Il y eut également propagation et pérennisation de stéréotypes nés de la période coloniale au nom de la tradition. La propriété foncière fut aussi capitalisée et concentrée aux mains des seuls hommes. C'est ainsi que les femmes se trouvent de plus en plus marginalisées.

La place des femmes dans le processus de développement

L'intégration du facteur genre féminin dans le processus de développement est confrontée à trois problèmes essentiels, à savoir :
- *des modifications dans la perception de la femme.* La modernisation a en effet introduit de nouvelles formes de l'imaginaire de la femme tant par des modifications des idéologies religieuses, en l'occurrence chrétienne et islamique (Amadiume ibid.; cf. Sow, 2004) que par des changements vers une économie de marché qui valorise en priorité le genre masculin ;
- *une marginalisation de la femme dans la conceptualisation du développement.* La femme n'occupe pas une place centrale dans la conception, l'exécution ou l'évaluation des programmes et des projets. Le facteur genre n'est que l'un de ces obstacles culturels ou sociaux dans un monde où la réalité de dernière instance est économique ;
- *un mimétisme dans l'articulation des questions.* Les élites féminines africaines empruntent très souvent, d'une manière non critique, des problématiques occidentales focalisées sur les seuls rapports individualisés hommes-femmes et sur la domination masculine, au mépris du contexte historique. L'observation de Claude Rivière à propos de cette problématique est édifiante. Il déclare que « les études féministes depuis une quarantaine d'années ont pris pour cible la domination mâle, sans pouvoir induire quoi que ce soit à partir d'une thèse inverse, et en amplifiant seulement un projet de dynamique sociale pour les sociétés développées … » (Rivière, *op. cit.* 82). Alain Touraine affirme, à cet égard, que « les luttes dans lesquelles les femmes jouent un rôle central ne visent pas à remplacer

11

la domination masculine par une domination féminine » (Touraine, 2005 : 363) et que « les êtres humains dans les sociétés dont les acteurs principaux sont des femmes deviennent des mélanges de masculinité et de féminité (ou si l'on veut, des montages plus ou moins solides et durables de fragments masculins et de fragments féminins), et c'est ce mélange, cette combinaison du masculin et du féminin, qui témoigne de la construction d'un nouveau type de société » (*ibid.* : 376). Melchior Mbonimpa note, quant à lui, que dans le contexte africain, la transposition des discours féministes occidentaux donnerait lieu à un combat de l'esclave contre l'esclave. Il dit ceci :

« La femme esclave se tromperait d'objectif si l'homme esclave, son compagnon d'infortune, devenait sa cible autant que leur maître commun. L'homme esclave et le maître ne sont pas exactement co-responsable de l'exploitation de la femme : c'est l'un d'eux qui en tire profit » (Mbonimpa, 1994 : 106).

Au vu de tout ceci, il faut une nouvelle perspective et des réformes qui viseront :
- premièrement, un allègement des instruments de coercition et une promotion accrue du rôle de la femme dans la prise des décisions au niveau individuel, communautaire et étatique. Dans cette perspective, il faudra faire une synergie entre les initiatives locales ancrées dans les traditions et cultures indigènes, d'une part, et les mouvements modernistes de la nouvelle société civile, d'autre part ;
- en deuxième lieu, une restructuration de l'économie au profit des individus et des groupes locaux. Dans cette optique, il faudra donner une place beaucoup plus importante à la femme dans les affaires (investissements) pour éviter de nouvelles formes d'inégalité comme celles nées des ajustements structurels et qui continuent de valoriser un pouvoir masculin dominant ;
- et finalement, l'éducation et la formation qui auront pour objectif la rectification des déséquilibres hommes – femmes dans ce domaine. Un accent particulier devra être mis sur la réorientation du

système vers une formation fonctionnelle, l'acquisition des aptitudes techniques, l'innovation technologique créative et l'intégration des valeurs morales issues de traditions. Le dernier cas répondra à l'appel de Morin de doter le développement d'une conscience. En effet, cet auteur affirme qu' « une conscience du développement appelle un développement de la conscience » (Morin, 1999 : 67).

Il est également nécessaire de se poser les questions ci-après pour pouvoir faire bénéficier les femmes des innovations (scientifiques et techniques) :

- ces innovations seront-elles acceptées et sont-elles acceptables ? ;
- y a-t-il nécessairement opposition entre tradition et modernité ? ;
- ces innovations seront-elles à la portée des femmes ? ;
- comment le coût peut-il cesser de constituer un obstacle ?

Qu'il s'agisse des associations à caractère ethnique (*home-based associations*) ou des mouvements sociaux à base traditionnelle, la femme constitue le maillon fort de la nouvelle civilisation basée sur les droits, le bien-être social et l'amélioration des cadres de vie. Pour Touraine, « ce sont des femmes qui portent les transformations actuelles » (Touraine, op. cit. 372) et que « nous n'avançons pas vers une société d'égalité entre hommes et femmes ; pas davantage vers une société androgyne ; nous sommes déjà entrés dans une culture (et donc dans une vie sociale) orientée (et par conséquent dominée) par les femmes : nous sommes déjà entrés dans une société de femmes » (*ibid.* : 364). Dans le contexte camerounais, ce sont ces femmes qui, de plus en plus, prennent le devant de la scène dans la formulation et l'exécution des projets collectifs ou se trouvent à la tête de mouvements sociaux (même si leur compréhension des questions politiques et de la gestion des affaires publiques est, parfois, sommaire). Il faut louer et appuyer les initiatives déjà entamées par certaines femmes pour, en particulier, améliorer leur sort et, ensuite, transformer les conditions de vie sociale, en général. C'est là où l'on doit situer une réflexion sur la place des rapports sociaux de genre

13

dans le développement et l'analyse des initiatives féminines dans le contexte de la modernisation.

Sur le plan microsocial, les femmes constituent la majorité des effectifs des petites structures d'épargne et d'entraide (surtout dans la partie Sud du Cameroun), assurant, par là, la survie pour une grande majorité des populations vivant dans la précarité. Mes recherches sur la vie associative (Yenshu Vubo 2012) en milieu traditionnel nous mettent face à une multitude de ces structures tant en milieu rural, qui reste, pour une large part, attaché aux mœurs traditionnelles, qu'en milieu urbain, cosmopolite et modernisé. Ces associations, qui sont plus connues sous le nom de *meeting* (traduction : réunion) ou *njangi* (en pays anglophone du Cameroun), sont à la base des stratégies de survie. Elles servent de consommation sociale, d'entraide et sont une sorte de mutuelle d'assurance informelle comme l'a si bien souligné Masuko (1995 : 279) pour le cas du Zimbabwe.

Au-delà d'une apologie qui est souvent faite d'une manière non critique de certaines initiatives féminines, je peux affirmer que celles-ci ont été récemment d'un grand secours au moment où les revenus de ménages étaient gravement compromis par la crise économique et par les mesures d'austérité subséquentes imposées par des programmes d'ajustement structurel. Du coup, un grand nombre de femmes (tant dans les zones rurales qu'urbaines) jadis en situation de dépendance vis-à-vis des époux planteurs ou salariés du secteur moderne (étant de ce fait des cadets sociaux), se sont trouvées dans une position renforcée par leurs petites épargnes. Ces associations de femmes sont actives dans des projets collectifs d'amélioration du bien-être individuel (augmentation des revenus, achat des biens de consommation) et collectif (petites unités de transformation des produits locaux, éducation de la jeune fille, gestion de coopératives de production ou de consommation). Il est à noter aussi qu'une tendance à la formalisation de ces associations (emploi des règles de comptabilité moderne, épargne au sein des banques modernes ou des sociétés de micro-finance et de crédit, légalisation administrative) tend à renforcer le rôle qu'elles jouent dans la société.

À une échelle plus grande, les associations de femmes deviennent de plus en plus à la mode dans les zones urbaines. Des femmes nanties se regroupent soit dans des structures de femmes élites, soit dans des composantes des associations caractérisées par Osaghae (1998 : 16) comme relevant de l'ethnicité positive (*home-based associations*) et dans lesquelles elles aspirent à jouer un rôle de développement. Une enquête auprès de trois associations (Lumière du Nkam, Nkoni-Cameroon, Golden Ladies) montre qu'elles ont une capacité impressionnante de mobilisation de fonds. Elles sont surtout actives dans des domaines qui touchent à la femme, à l'enfant, à la scolarisation de la jeune fille et à des projets d'infrastructure sociale (centres de santé, écoles, construction des lieux de culte). Ces initiatives peuvent être relativement autonomes, et donc limitées en échelle, à cause parfois de leur faible capacité de mobilisation financière, mais elles peuvent aussi compromettre cette indépendance en s'appuyant sur l'État ou sur des ONGs nationales et internationales. De plus en plus, on observe une connexion entre trois niveaux : le local des femmes rurales, le national de femmes citadines et le transnational des femmes du Nord solidaires des initiatives de leurs congénères du Sud.

J'hésiterais, au contraire, à formuler la même affirmation à propos des associations féministes plus modernes, articulées autour des professions ou des thèmes politiques de droits et d'émancipation pour la simple raison que je ne les ai pas étudiées à fond. Néanmoins, on peut remarquer un fossé entre leurs discours et activités, d'une part, et ceux des congénères des zones rurales, qui se sont fait entendre à certains moments critiques des transitions politiques du pays (cf. également Touré *et al.* : 3). D'autres travaux (Ardener op. cit. ; Ritzenthaler 1976 ; Shanklin 1990, Diduk 2004) démontrent que le mouvement de protestation des femmes, qui a défrayé la chronique en appuyant, d'un côté, les actions des indépendantistes au Cameroun sous mandat britannique à la fin des années 1950 et, de l'autre, celles des leaders de l'opposition naissante pendant la transition démocratique au début des années 1990, ont leurs origines dans la logique de mobilisation traditionnelle et de conflit institutionalisé/conflictualisation[1]. Depuis lors, cette capacité de mobilisation est devenue une sorte d'*habitus* collectif qui continue à animer l'insertion de la société traditionnelle dans la vie modern dans la partie Sud du Cameroun. On peut aller au-delà de la tendance qu'on a parfois à occulter la place des mobilisations féminines contemporaines et celle de l'affirmation de l'identité dans le débat général sur la femme. Kolawole pense que, pour déterminer le degré de soumission de la femme en tant que catégorie muette, l'on doit au préalable mener une recherche approfondie sur les zones d'ombre qui occultent les discours féminins et la personnalité de la femme (Kolawole, 1997).

Dans une étude sur les femmes Aghem et Kedjom (Fonchingong *et al.*, 2008), nous avons démontré comment dans une confrontation entre des femmes et des nouveaux éleveurs capitalistes qui occupent de plus en plus des terres cultivables et détruisent les cultures vivrières, les premières agissent au nom de leurs communautés, en tant que productrices et protectrices de la vie (reproduction biologique, production agricole) et gardiennes des valeurs morales. Dans ce conflit, ces femmes se heurtent aux autorités locales (traditionnelles et modernes) qui prennent fait et cause pour les éleveurs et traitent les protestations de celles-ci d'illégales, allant jusqu'à les taxer de troubles à l'ordre public. Face à cette fin de non-recevoir, les femmes ne restant pas inactives, elles utilisent une combinaison de méthodes traditionnelles et modernes pour, soit contraindre l'administration moderne à agir (marches, *sit-ins*, occupation des voies publiques, manifestation à la préfecture, pétitions), soit obliger les autorités locales à entreprendre des réformes (remplacement du chef, participation aux délimitations des

---

[1]L'institutionnalisation des conflits (par des luttes sociales et des débats) peut être facteur de stabilité et de normalité sociale puisque « le déficit de conflictualité sociale est toujours un facteur d'anomie et de violence. En effet, lorsque les attentes sociales ne se transforment pas en débats et en conflits entre acteurs, elles dégénèrent en cynisme ou en fatalisme, d'un côté, et en conduites de crise et de violence d'un autre côté » (Wieviorka, 2010 : 238).

16

terres entre cultivateurs et éleveurs) en usant, parfois, de l'incivilité pour atteindre des objectifs escomptés (Diduk 2004 ; cf. aussi Federici, 2004 et Yene Awasom, 2006).

On peut conclure donc que, bien que de nature sociale ou économique, ces protestations sont profondément politiques puisqu'elles agissent sur les rapports entre administrés et administrateurs. Elles pèsent, en effet, sur la manière dont les communautés perçoivent et sont perçues par les administrations, et contribuent à modifier les rapports de force. Analyser ces événements à travers ce prisme contribuera donc certainement à une perception de la politique par le bas. Sans vouloir entrer intentionnellement dans les débats politiques modernes, les actions de ces femmes contribuent à tirer l'action étatique vers le bas en contraignant les autorités à consentir la participation des gouvernés dans la gestion des affaires qui les concernent. Ce faisant, leurs activités transcendent le cadre de vie rural pour instruire les mouvements sociaux modernes situés dans les centres urbains. Avec une logique très ancienne, ces femmes continuent à créer l'histoire en quelque sorte. Elles ont, dans ce cas, dit non et ont eu gain de cause, là où les hommes étaient impuissants face à des forces modernes très puissantes. Nous soulignons, toutefois, qu'il faut une synergie entre ces mouvements locaux et les autres mouvements féministes modernes ou ceux orientés exclusivement vers le développement. Il faudra capitaliser les acquis du capital culturel des équilibrages entre sexes situés dans le tissu social traditionnel, y ajouter la logique de mobilisation collective également très ancienne mais qui trouve sa place dans le monde moderne et les combiner avec des dynamiques des associations orientées, soit vers le développement, soit vers les questions des droits de l'homme. Ceci constitue une des voies pour amorcer un épanouissement éventuel de la femme africaine.

Conclusions

Le domaine des rapports sociaux de sexe est devenu, depuis plusieurs décennies, un sujet à la mode avec ses experts, ses théories, ses approches et ses programmes pratiques, donnant ainsi naissance à un discours institué. Il y a donc eu une *doxa* de la question féminine qui, jusque-là, était souvent le reflet des seuls discours et des seules pratiques dominantes du mouvement féministe. Il y a nécessité pour un ancrage anthropologique quand il s'agit de faire des critiques dans ce domaine. Il faut toujours situer la critique d'une pratique dans le temps et dans l'espace. En somme, on doit toujours se demander : à qui sont adressés ces reproches ? Où se trouvent ces pratiques ? A quoi sont-elles dues ? Je crois fermement qu'une affirmation n'est valable que si elle est fondée anthropologiquement. En effet, « n'est scientifique que ce qui rompt pour toujours avec l'idéologie » (Latour, 1997 : 126). Ce qui veut donc dire que c'est l'anthropologie qui doit aider à rompre avec les idéologies du développement et du féminisme. Cette anthropologie, comme le déclare Edgar Morin, doit être fondée sur un néo-scientisme qui « critique, prolonge et rouvre la philosophie, met aussi radicalement le monde et l'homme en question [...] et libère désormais, sous la forme hypothétique, la pensée spéculative » (Morin, 1999 : 52). Par ailleurs, Morin indique que dans l'expression « sciences de l'homme » le mot « science » a un sens plein. De ce fait, continue-t-il, « l'anthropologie doit prospecter scientifiquement l'homme sur tous les terrains [...] elle doit sur les terrains interroger l'homme » (*ibid.* : 52-53). Pour sa part, Bourdieu pense, et je suis d'accord avec lui, que « la science de l'homme engage inévitablement les théories anthropologiques » (Bourdieu, 2000 : 35). Suivant l'autre penchant du couple socio-anthropologique, Alain Touraine pense que, puisque « nous sommes déjà entrés dans une société de femmes, [c]est pourquoi les recherches sur les femmes sont la voie d'entrée dans la sociologie générale » (*op. cit.* : 379). Ceci souligne la centralité de cette composante des sciences sociales qui a acquis une certaine autonomie jusqu'à ce que ses promoteurs veuillent l'ériger en domaine autonome.

Tout ceci explique que, tout en cherchant la place des rapports sociaux de sexe dans le développement, il faut chercher également la nature de ces relations, car ce concept se réfère surtout à une structure. Dans cette optique, l'homme de science doit prendre une

18

distance par rapport à certains discours actuels qui situent les problématiques des rapports sociaux de sexe en dehors de leurs contextes. S'il est vrai que le développement doit intégrer ce facteur dans ses préoccupations, il est impératif de le connaître tant dans son contexte socioculturel que dans les mutations dont il est l'objet.

Références bibliographiques

Amdiume, I. (1987), *Male Daughters, Female Husbands: Gender and Sex in an African Society*, London, Zed Books.
(1997), *Re-inventing Africa: Matriarchy, Religion and Culture*, London, Zed Books.

Ardener, S., « Sexual Insult and Female Militancy », *in* S. Ardener (sous la dir. de), *Perceiving Women*, Londres, Malaby Press, 1975, pp. 29-53.

Atanga, L. (2008), *Across Literacies: A study of gendered Oracies and Literacies in Cameroonian Parliament*, Leeds, Leeds University Centre of African Studies.

(2009), *Gender, Discourse and Power in the Cameroon Parliament*, Bamenda, Langaa RPCIG.

Balandier, G. (1974), *Anthropologiques*, Paris, PUF.

Barbier, J. –C (sous la dir. de), *Femmes du Cameroun. Mères pacifiques, femmes rebelles*, Bondy, ORSTOM/Paris, Karthala, 1985.

Bourdieu, P. (1987), *Choses dites*, Paris, Minuit.
(1994), *Raisons Pratiques. Sur la théorie de l'action*, Paris, Seuil.
(2000) *Questions de Sociologie*, Paris, Minuit.
(2004) *Esquisse pour une auto-analyse*, Paris, Raisons d'agir.

19

Boutrais, J. « Les Sociétés musulmanes. Les mandara, les fulbé », *in* J. Boutrais *et al.* (Sous la dir. de), *Le Nord du Cameroun. Des hommes, une région*, Paris, ORSTOM, 1984, pp. 257-259.

Bureau, R. 1962, *Ethnosociologie des Duala et apparentés*, Yaoundé, Institut de Recherches scientifiques du Cameroun (Recherches et études camerounaises).

Chinje, (sous la dir. de), *Femme camerounaise. Adulation et marginalisation*, Yaoundé, Fondation Fredrich-Ebert, 1997.

Diduk S. (1987), *The Paradox of Secrets. Power and Ideology in Kedjom society*, thèse de Ph. D., Université d'Indiana.
« Women Agricultural Production and Political Action in the Cameroon Grassfields », *Africa*, vol. 59, n° 3, 1989, septembre, pp. 338-355.
« The Civility of Incivility: Political Activism, Female Farmers and the Cameroon State », *African Studies Review*, vol. 47, n° 2, septembre 2004, pp. 27 - 54.

Endeley, J. S., S. Ardener, R. Gooderidge et N. Lyonga (sous la dir. de), *New Gender Sudies from Cameroon*, Buea, Department of Women and Gender Studies, 2004.

Eliade, Mercia. 1959, Initiation, rites sociétés secrètes. Naissances mystiques: Essais sur quelques types d'initiation, Paris, Gallimard.

Engard, R., « Dance and Power in Bafut (Cameroon) », in W. ARENS, et I. KARP (sous la dir. de), *Creativity of Power. Cosmology and Power in African Societies*, Washington, Smithsonian Institution Press, 1989, pp. 129-162.

Federici, S. « Women, Land-Struggles and Globalisation. An International Perspective », *Journal of Asian and African Studies*, vol. 39, n° 1-2, mars-juin 2004, pp. 216 - 233.

Fonchingong, C., E. Yenshu Vubo and M. Ufon Beseng, « The World of Women's Social Protest Movements and Collective Mobilisation: Lessons from Aghem and Kedjom Women », in E. Yenshu Vubo (sous la dir. de), *Civil Society and the Search for Development Alternatives in Cameroon*, Dakar, CODESRIA, 2008, pp. 123-141.

Fonjong, L. (sous la dir. de), *Issues in Women's Land Rights*, Bamenda, Langaa RPCIG, 2012.

Houtart, F., « Éditorial », *Les Cahiers Alternatives Sud*, vol. 5, n° 1, 1er trimestre 1998, pp. 5 - 19.

Kolawole, M. (1997) *Womanism and African Consciousness*, New Jersey, African World Press.

Latour, B. (1997), *Nous n'avons jamais été modernes. Essai d'anthropologie symétrique*, Paris, La Découverte.

Masuko, L. « The Zimbabwean Burial Societies », *in* M. Mamdani et E. Wamba-dia-Wamba (sous la dir. de), *African Studies in Social Movements and Democracy*, Dakar, CODESRIA, 1995, pp. 279-308.

Mathieu, N.-C. « Études féministes et anthropologie », *in* P. Bouté et M. Izard (sous la dir. de), *Dictionnaire critique de l'ethnologie et de l'anthropologie*, Paris, PUF, 2001 (1re éd. 1991).

Mbock, C. –G., « Parole, femme et pouvoirs traditionnels dans les sociétés segmentaires Basaa et Béti du Sud du Cameroun », *Revue Science et Technique, série Sciences humaines* (MESRES, Cameroun), vol. 2, n° 1-2, janvier-juin 1984, pp. 91-106.

Mbonimpa, M. (1994), *Ethnicité et démocratie en Afrique. L'homme tribal contre l'homme citoyen ?*, Paris, l'Harmattan.

Meillassoux, Cl., « Rôle de l'esclavage dans l'histoire de l'Afrique occidentale », *Anthropologie et Sociétés*, vol. 2, n° 1, janvier-juillet 1978, pp. 117 – 148

« Entretien », *L'Humanité*, 26 octobre 2001, p. 5.

Morin, E. (1999), *Introduction à une politique de l'homme*, Paris, Seuil (1re éd. 1965).

Nkwi, P., « Traditional Female Militancy in a Modern Context », *in* J.-Cl. Barbier (sous la dir. de), *Femmes du Cameroun Mères pacifiques, femmes rebelles*, Bondy, ORSTOM/Paris, Karthala, 1985, pp. 181-191.

Osaghae, E., *Structural Adjustment, Civil Society and National Cohesion in Africa*, AAPS Occasional Paper Series, vol. 2, n° 2, 1998.

Ritzenthaler, R., « Anlu: a Women's Uprising in the British Cameroons », *African Studies*, vol. 19, n° 3, septembre 1960, pp. 151-156.
Rivière, Cl. (2000), *Anthropologie politique*, Paris, Armand Colin.

Shanklin, E. « Anlu remembered: The Kom Rebellion of 1958-1961 », *Dialectical Anthropology*, Vol. 15, n° 2 et 3.

Sow, F., « Rethinking African Development: And what if Women had a Say in It? », *CODESRIA General Assembly Leopold Sedar Senghor Distinguished Lecture, Kampala, 2002*, Dakar, CODESRIA, 2004, pp. 48-49.

Touraine, A. (2005) *Un nouveau paradigme. Pour comprendre le monde aujourd'hui*, Paris, Fayard.

Touré, M., C. Barry et P. Diallo, « The two faces of African Feminism », *CODESRIA Bulletin*, n° 1, mars 2003, pp. 2-3.

Wieviorka, M. (2010), *Neuf leçons de sociologie*, Paris, Éditions Robert Laffont.

Yenshu Vubo, E., « The African Woman and the Development Crisis. An Appraisal of Changes, Constraints on Empowerment and Prospects for the Future », *in* David Simo (sous la dir. de), *La Politique de développement à la croisée des chemins. Le facteur culturel*, Yaoundé, Institut Goethe/Editions CLE, 1998, pp. 111-125.
« Matriliny and Patriliny between Cohabitation-Equilibrium and Modernity in the Cameroon Grassfields », *African Studies Monographs* (Université de Kyoto, Japon), vol. 26, n° 3, octobre 2005, pp. 145 -182.
«Transethnicity and Continuity in Indigenous Association Life in Cameroon », *Terroirs.Revue africaine de sciences sociales et de philosophie*, vol. 3, septembre 2006, pp. 55 -81.
(2012) The Mystique of Community: Association life in-between and across boundaries in African Transethnicity. Saarbrucken: Lambert Academic Publishers (LAP).

Yene Awasom, S. « Righting the Wrong and Writing the Law in Cameroon: Fumbwen Women against Fon Simon Vugah II », *CODESRIA Bulletin*, n° 1 & 2, mars-juin 2006, pp. 41-45.

2

Le monde du langage et le langage du monde : se construire à partir d'une faille

Martine Fandio Ndawouo

Introduction

Selon Adam Schaaff, le langage influence notre mode de perception du monde. Reflet spécifique de la réalité, il « est également le créateur de notre image du monde. Dans ce sens, le créateur de notre image du monde est du moins dans une certaine mesure, fonction de l'expression non seulement individuelle, mais aussi sociale, transmise à l'individu par l'éducation et avant tout par le langage. La question est d'ailleurs plus compliquée qu'elle ne paraît[...] puisque ce que nous appelons expérience individuelle est également impliqué dans des schémas et des stéréotypes d'origines sociales» (Schaff, 1969 : 236). Au regard de cette pensée, l'on peut dire que ce sont les mots qui contribuent à faire le monde social. Le langage renvoie une certaine image, non seulement de la société, mais aussi des rapports de force qui la régissent. Les échanges linguistiques sont donc susceptibles d'exprimer de multiples manières les relations de pouvoir. Par conséquent, les discours ne sont pas seulement destinés à être compris, déchiffrés, ils sont aussi des signes d'autorité destinés à être crus et obéis. Si, comme l'attestent les spécialistes des sciences de l'Education, l'acquisition des normes et valeurs spécifiques, ainsi que l'apprentissage des rôles particuliers qui conduisent à une structuration en douceur de la personnalité de l'individu sont édifiés à 80% à travers le langage, l'on peut mesurer l'impact du savoir pluriel véhiculé par une langue apprise par l'individu pendant les premières années de son éducation. En effet, constatent-ils, les cycles maternel et primaire correspondent chez un individu, à la période de l'enfance pendant laquelle l'école, la famille, le groupe des pairs et les médias vont contribuer à structurer la personnalité sociale du futur adulte (Bourdieu, 1987). L'institution scolaire qui au Cameroun, prend en charge les sujets apprenants, conformément aux textes en vigueur[2], dès l'âge de quatre ans, occupe ainsi une place centrale dans le processus d'acquisition du savoir pluriel (Cuq, 2003) dans la mesure où, à travers l'enseignement en / des langues officielles (le français et l'anglais), elle sert de cadre dans lequel s'administre l'héritage socioculturel.

Selon la loi N°98/004 du 14 avril 1998 d'orientation de l'éducation au Cameroun par exemple, l'éducation a pour mission générale la formation de l'enfant en vue de son épanouissement intellectuel, physique, civique et moral et de son insertion harmonieuse dans la société, en prenant en compte des facteurs économiques, socioculturels, politiques et moraux. Il est question, dans le cadre scolaire, d'offrir aux apprenant(e)s « une formation dénuée de toute forme de discrimination» (Loi N° 98/004 du 14 avril 1998, titre I, article 4). Si l'école camerounaise reconnaît et accorde ainsi officiellement l'égalité de chance à tous les apprenants, les pratiques effectives dans la plupart des manuels d'enseignement semblent réfléchir une image de la femme qui est loin d'être équivalente à celle de l'homme comme le voudraient les objectifs déclarés des programmes[3].Et de fait, les représentations[4] psychosociales générées peuvent dans ces conditions, contribuer davantage à décourager plutôt qu'à encourager l'un des sexes dans la

---

[2]L'Etat camerounais déclare que le secteur éducatif est «considéré comme une priorité et à l'avant-garde du développement de notre pays » (Cabinet Civil de la Présidence de la République, 1992 :187).

[3]L'institution scolaire camerounaise doit être « est le lieu où doit se réaliser la cohésion nationale » (Etats Généraux de l'Education, 1995 : 4).

[4]Pour Jean-Claude. Abric, les représentations sont « le produit d'un consensus d'une activité mentale par laquelle un individu ou un groupe reconstitue le réel auquel il est confronté et lui attribue une signification spécifique » (Abric, 1994 : 64).

quête du savoir, du savoir-faire et du savoir être qui sont tous des paramètres fondamentaux pour l'épanouissement de l'individu.

Cette communication emprunte d'une part aux concepts de contexte et d'acte de la pragmatique, et d'autre part au concept de champ discursif de l'analyse du discours pour examiner les contenus des méthodes d'enseignement des langues officielles de la maternelle et du primaire, cycles pendant lesquels l'apprenant, futur acteur social découvre à travers le langage le monde dans lequel il doit se construire et s'épanouir. L'analyse entend déterminer les images de parole qu'induit le texte graphique de formation des programmes d'enseignement du Cameroun, images susceptibles d'influencer notablement la personnalité individuelle et collective de l'Homme, étant donné que pendant les cycles maternel et primaire, stades capitaux de la formation de l'apprenant, tout est dans le langage. Le but ultime est de faire ressortir, pour la période allant de 1995 à 2005, notre période de référence, le poids effectif de la parole féminine dans cette « école nouvelle »[5] en cours d'institution qui intègre très officiellement et, pour la première fois le facteur « genre » à ses préoccupations.

I- Former pour servir : actions pédagogiques, fille du discours politique

I- 1 L'Education, une préoccupation gouvernementale

Les discours des instances dirigeantes du Cameroun, au contraire de ceux des années précédentes entendent, comme on vient de le dire, prendre absolument en compte le facteur « genre ». Ce

---

[5] Nous pouvons relever par exemple comme opération l'« initiation et exécution des programmes et projets pilotes sectoriels ou intégrés en vue de sensibiliser les institutions et d'éduquer les femmes intéressées sur les actions prioritaires à entreprendre pour combler les retards constatés et assurer l'intégration des femmes au développement ; la mise en forme et le suivi des projets de textes législatifs et réglementaires relatifs au respect effectif des droits de la femme» (Cabinet Civil de la Présidence de la République, 1992 : 244).

« nouveau départ » s'est concrétisé en 1985, donc trois ans seulement après l'investiture de l'actuel Président de la République, par la création d'un Ministère des Affaires Sociales et de la Condition Féminine. L'engagement depuis le sommet de l'Etat dans la prise en compte des préoccupations de certaines couches sociales jusque-là défavorisées, dont la petite enfance, les mineurs inadaptés sociaux, les personnes du troisième âge et la femme, se fait franchement manifeste. *Cameroun 1982-1992. Des faits et des chiffres. Le bilan de la décennie Biya* encourage alors

la sensibilisation, l'éducation et la formation des femmes dans les différents domaines de la vie nationale [...], la suppression de toute discrimination à l'égard de la femme dans la société. La promotion et l'application des mesures destinées à faire respecter les droits de la femme dans la société (p. 243)

Ce projet politique s'est immédiatement traduit par un projet pédagogique. Ainsi, Yaoundé a en 1995 organisé un grand forum sur l'éducation au Cameroun, à savoir les Etats Généraux de l'Education (au palais des congrès). Pendant *5* jours d'activités intenses, ainsi que le relève plus tard le *Rapport général des Etats Généraux de l'Education*, les assises nationales ont fait le tour des questions relatives à « la formation d'un citoyen camerounais enraciné dans sa culture, mais ouvert au monde» (Ministère de l'Education Nationale, 1995 : 86). Les différentes préoccupations ont porté sur les structures d'accueil, l'insuffisance aussi bien quantitative que qualitative du personnel enseignant, le budget de fonctionnement, les rendements, les équipements didactiques. Entre autres nouvelles missions assignées à l'école du XXIe siècle, la commission prescrit que l'école doit promouvoir au niveau interpersonnel (est-ce un paradoxe ?):

- **La défense du faible** (C'est nous qui soulignons)
- La paix et la concorde
- le savoir-vivre en société. (Ministère de l'éducation nationale, 1995 : 23)

28

Une analyse même brève des résolutions atteste que les récurrentes pratiques discriminatoires observées et ressenties en milieu scolaire par les filles ou à l'endroit des filles restent manifestement ignorées. Le lecteur curieux demeure ainsi sur sa soif, pour dire le moins, face aux résolutions prises au niveau des partenaires du système éducatif pour promouvoir l'égalité effective des chances d'accès à l'éducation pour tous les sexes, une éducation qui vise l'épanouissement intégral de l'individu et sa participation au développement efficace de la société. Car comment expliquer que les experts nationaux et internationaux, si unanimes dans leur souhait de voir l'éducation devenir «le lieu par excellence où doit se former et s'exercer l'unité nationale [...] la priorité des priorités dans l'action de l'Etat» (Ministère de l'éducation nationale, 1995 : 23- 27), si incisifs au niveau des principes, conformes aux objectifs généraux, soient si discrets quant à la place effective de l'apprenante au sein de l'institution scolaire où elle est sans cesse confrontée à de multiples violences symboliques[6] ou physiques, orchestrées à la fois par son congénère et les autres adjuvants du système comme on le verra ici même. L'une des pistes de réflexion pousse à se tourner du côté de l'école qui joue un rôle primordial dans les stratégies de production et même de reproduction sociale. D'autant que l'institution scolaire camerounaise qui, selon les sources gouvernementales « est le lieu où doit se réaliser la cohésion nationale » (Etats Généraux de l'Education, 1995 : 4) se veut, à travers la formation, une réalité dynamique en ce sens.

---

[6]Dans « Les femmes entre la marginalisation et la volonté d'auto-promotion » (http://www.ipsnews.net/fr/interna.asp?idnews=1869), Sylvestre Tetchiada montre justement à partir des enquêtes que les filles ont des difficultés à accéder à des postes de responsabilité en milieu scolaire : chef de classe, délégué, représentant du groupe, etc. malgré leur base intellectuelle tangible.

Les objectifs de l'enseignement en/des langues officielles

Les objectifs par niveaux d'enseignement de l'anglais et du français en zones anglophone et francophone sont, pour l'essentiel, identiques tandis que le français et l'anglais en zones anglophone et francophone respectivement ont le statut de langue étrangère. Dans la perspective des considérations citées dans *Programmes* (1994), les objectifs généraux de formation stipulent entre autres:

afin d'éviter le hiatus entre l'école et la vie, l'enseignement du français [et de l'anglais] doit permettre à l'élève d'acquérir un savoir, un savoir-faire et un savoir être transférables dans des situations nouvelles ; d'acquérir la culture nécessaire à la vie professionnelle et à la vie en société ; de devenir un Homme instruit, c'est-à dire capable d'exercer son jugement, son esprit critique, son esprit de synthèse et d'analyse, ses facultés créatrices ; de comprendre le milieu dans lequel il est appelé à vivre, et de participer ainsi pleinement à la vie de son époque ; de former sa personnalité, d'exprimer sa culture et de comprendre celle des autres… « Ministère de l'Education Nationale, 1994 : 3)

En empruntant la terminologie de Jean-Pierre Cuq, nous pouvons résumer ces objectifs en un triple volet : « la formation à… », « la formation de … » et « la formation pour… ». « La formation à… » correspond à une logique de contenus et de méthodes : formation disciplinaire et didactique. C'est le développement des potentiels propres dont dispose tout individu par la transmission des savoirs cognitifs ; c'est l'apprentissage des notions de base qui caractérisent le fonctionnement d'une langue : connaissances lexicales, syntaxiques, sémantiques et qui cultivent l'esprit; « la formation de … », elle, renvoie à une logique psychologique correspondant à une formation personnelle. Elle désigne en quelque sorte l'aspect socio relationnel de la formation, un ensemble de comportements qui constituent l'identité individuelle de l'individu et qui caractérisent sa manière particulière d'approcher le monde ; « la formation pour… » désigne une logique socio-économique correspondant à la formation professionnelle. Elle concerne l'habileté acquise dont dispose un individu et qui lui permet d'intégrer les sous mondes spécialisés (Cuq et al. 2003 : 104). Un ensemble de mécanismes socioculturels paraît ainsi mis en place pour influencer, déterminer ou prédisposer considérablement l'Homme qui sortira de cet embryon qui prend vie et se développe en milieu scolaire. A travers des actions pédagogiques, l'école camerounaise se présente dès lors comme ce monde où le langage se veut une forme et un moyen d'action, un monde où le discours se ramène à un ensemble de « faire » qui agissent équitablement sur des individus. Du point de vue des buts donc, l'enseignement en/des langues officielles ne présente visiblement aucun caractère discriminatoire. Et la mixité édictée en milieu scolaire rime avec ces buts.

En outre, des dispositions particulières ont été prises pour améliorer le secteur éducatif au double plan quantitatif et qualitatif. Le gouvernement camerounais a par exemple introduit, après les Etats Généraux de l'Education de 1995, de nouvelles pratiques pédagogiques. Nous pouvons citer, pour ce qui est de l'enseignement des langues, l'Approche Par les Compétences (APC) basée sur la pédagogie de l'intégration, qui permet le développement des compétences chez l'élève en le dotant d'un savoir-agir en situation ; la Nouvelle Approche Pédagogique (NAP) fondée sur la pensée inférentielle chez l'enfant de la maternelle et du primaire. Elle met l'enfant au centre des apprentissages en développant son raisonnement, son autonomie, sa créativité et son sens critique. L'enseignant ici devient un guide, un facilitateur. Dans cette optique, le Groupe d'enseignants camerounais dans l'« Avant-propos» d'*Activités en français* exige de l'enseignant(e) des stratégies pédagogiques qui consistent à favoriser une approche à la fois active et participative. A travers les exercices oraux (lecture, phonétique, langage, etc.) ou écrits (copie, dictée, vocabulaire, écriture, etc.), l'instituteur ou l'institutrice aide l'élève, selon les consignes des auteurs de *Livre unique de français CEI* dans l'« Avant-propos», à « s'approprier des démarches et des méthodes de travail, d'accéder

31

lentement, mais sûrement à l'autonomie» (Un Groupe d'enseignants camerounais, 1995 : 2). L'implication directe de cette approche c'est que, l'apprenant(e) de la maternelle par exemple, a comme unique support de travail, le corpus qu'il a sous les yeux, qu'il manipule, le manuel étant généralement réservé à l'enseignant(e). L'on peut donc comprendre que, plus que jamais, l'école entend jouer un rôle prépondérant dans la formation des jeunes, une formation qui met l'accent sur le service et l'épanouissement de l'individu. Seulement, elle ne peut être réellement efficace que si dès la base de cette formation, le discours scolaire reste vigilant à tous les détails relatifs à la composante « genre », notamment le choix et la qualité des textes supports d'apprentissage. Nous voulons scruter dès à présent les différents « visages » de la femme et de l'homme dans les manuels de langues dans les cycles maternel et primaire.

Les images de parole de la femme et de l'homme dans les méthodes de la maternelle et du primaire

En considérant les manuels et méthodes inscrits au programme officiel d'enseignement/apprentissage de la période de référence comme un univers discursif, l'on peut dire que dans cet espace, les voix sont en relation de concurrence au sens large et se délimitent réciproquement. C'est pourquoi, une vue des différents corpus convoqués permet de déterminer la voix et par conséquent la place de la femme dans ce « lieu de production discursive bien spécifiée » (Charaudeau et Maingueneau, 2002 : 453). Car ce champ discursif, selon le credo des dirigeants politiques du Cameroun, est le lieu qui génère le discours de construction du pays, en tant que nation intégrée (Ngoh, 1996 : 303). Pour la suite de l'analyse, nous allons à chaque fois exploiter les observables en partant des contenus manifestes vers les contenus latents.

Mon album, moi et le monde

En parcourant les albums des élèves de la maternelle des sous-systèmes francophone et anglophone dans les bibliothèques scolaires et personnelles de quelques enseignantes et enseignants rencontrés, nous avons pu relever les données analysées ci-dessous.

Les échantillons

1. Nina natte Nadine a - I can see a woman selling cocoyam

2. Simone lave sa tasse b - Amina is holding a pot

3. Nina étale une natte c - John is going to school

4. Eve vide le pot d - Amina has broken the water pot

5. René répare la radio e -I can see some boys playing football

6. Papa fume la pipe f- Some boys are eating banana

7. Baba tue la bête.

8. Maman prépare le repas.

Nous avons constaté de manière comparative un nombre réduit d'exemples appropriés dans des manuels anglophones. L'explication tient du fait que la plupart des leçons dans ces manuels de la maternelle ont pour support le monde de la fable où les animaux parlent et agissent à la place des hommes. L'univers rappelle ainsi celui des dessins animés.

Le dit et le non-dit du discours graphique

Les observables, pour les données en français, sont des phrases qui servent à initier les petit(e)s apprenant(e)s à la fois à la copie en expression écrite et à la phonétique en expression orale. En phonétique par exemple, chaque phrase vise la fixation d'un son particulier chez l'élève: les sons [n], [s], [r], [b], [a], et [e]. Quant aux échantillons en anglais, l'apprenant(e) doit se servir de l'image qui accompagne le texte graphique pour approuver (par *yes*) ou refuser (par *no*) l'activité engagée dans la leçon. En effet, en expression orale par exemple, les écolier(e)s seront, au terme de l'unité, capables de s'exprimer ou de réagir aisément à l'oral par rapport à leur quotidien, à la vie sociale ou professionnelle. Mais par rapport à la compréhension orale, les mêmes apprenants seront capables d'interpréter les phrases du corpus pour en saisir les différents sens. Or « interpréter [...] c'est procéder à la mise en relation des différentes composantes de l'analyse linguistico discursive pour en faire surgir la signification» (Charaudeau, 1983 : 108). Ainsi, les phrases 1, 2, 3, 4, a, b et d renvoient sémantiquement à certaines tâches, fonctions et attitudes particulières dans l'univers domestique: la coiffure, le ménage et le petit commerce par exemple. Par contre, les phrases 5 ,7 et e augurent l'univers socioprofessionnel. Les tâches sont techniques. Les phrases 6 et f, elles, dénotent une attitude: celle de repos ou de jouissance. Quant à l'exemple c, la tâche qui est intellectuelle ici présage déjà le prestige social qui est lié à l'acquisition du savoir.

Au-delà de cet exercice de fixation, les observables ainsi répertoriés, charrient autre chose que la diction chez les sujets apprenants. Ce qui pousse à souscrire aux auteurs de *Sociologie de l'Education* quand elles déclarent : « derrière les fonctions pédagogiques qui sont illustrées dans les méthodes se cachent des visées idéologiques» (Bellat Duru & Van-Zanten, 1992 : 96). La coïncidence, voulue ou non, fait que les tâches subalternes (phrases 2, 4 et b), dévalorisantes (phrases 4 et d), dénuée de toute aptitude (phrase 3) soient effectuées par des femmes, pendant que l'homme est interpellé quand on a besoin de compétences techniques, du savoir et du savoir-faire. Ainsi, les tâches qui exigent au préalable une formation spécifique (phrases 5 *et* e) ou une aptitude particulière (phrase 7) sont réservées à l'homme. Bien plus, il apparaît, comme ce guerrier qui, revenu du champ de bataille, peut s'offrir le plaisir de jouir de délicieux moments de repos. Or, à cet âge de la vie de l'apprenant(e), (3 à 4 ans), le langage est vérité. En enseignant la langue, on peut ainsi marquer l'enfant à vie. Pierre Bourdieu le souligne fort bien quand il affirme: « Parmi les actions pédagogiques que subit un individu, les plus décisives sont les plus précoces, celles qu'il a subies au cours de son enfance et qui ont pour but de lui inculquer un habitus[7] primaire» (Bourdieu, 1982 : 156). Quand on sait que depuis la fin des années 80, le personnel enseignant de la maternelle est exclusivement féminin, l'on peut apprécier jusqu'où la violence symbolique[8] dont parle Pierre Bourdieu peut faire des ravages. Les élèves du cycle primaire de la période de référence ne semblent pas non plus mieux lotis en ce sens.

Langage graphique et structuration du monde au primaire

Jusqu'en 1998, le cycle primaire au Cameroun avait six et sept classes pour les sous- systèmes francophone et anglophone respectivement. Parmi les dispositions de la loi d'orientation de 1998, on relève entre autre l'harmonisation des cycles d'enseignement dans les deux sous-systèmes à six ans, dont trois niveaux pour le sous-système francophone et deux seulement pour le sous-système anglophone. Au primaire francophone, la répartition très symétrique, propose la Section d'Initiation au Langage, SIL et le Cours Préparatoire, CP au niveau I, les Cours Elémentaires 1e et 2e années, CE1 et CE2 au niveau II et les Cours Moyens 1 et 2, CM1 et CM2 au niveau III. Quant au primaire anglophone, l'on a le Junior Primary

---

[7] Bourdieu définit l'expression comme étant un « système de dispositions durables qui conditionnent le rapport individu/monde et que lui transmet son groupe d'appartenance en exerçant sur lui une action pédagogique) (Bourdieu, 1982 : 37).

[8]Pierre Bourdieu définit la violence symbolique comme étant cette forme de violence qui s'exerce sur un agent avec sa complicité. « C'est le fait d'accepter cet ensemble de présupposés fondamentaux, préréflexifs, que les agents sociaux engagent par le simple fait de prendre le monde comme allant de soi, c'est-à-dire comme il est, et de le trouver naturel parce qu'ils lui appliquent les structures cognitives qui sont issues des structures mêmes de ce monde. [...] C'est pourquoi, l'analyse de l'acceptation doxique du monde en raison de l'accord immédiat des structures objectives et des structures cognitives est le véritable fondement d'une théorie réaliste de la domination et de la politique» (Cité par Bonnewitz, 1997 : 82-83).

Level avec les Class I, II and III et le Senior Primary Level avec les Class IV, V, VI et VII.

Le niveau 1 : SIL, CP et *Junior Primary Level*

Nous avons pu relever dans les manuels de l'enseignement des langues officielles des observables, parmi tant d'autres, qui servent comme support à des exercices variés. Bien qu'ayant dépouillé les données de tout le corpus[9], les besoins de la cause nous obligent à ne présenter ici que quelques échantillons tirés de *Activités de Français, SIL,* Collection « Etoile », CEPER ; *Champions en français, SIL,* Yaoundé/Paris, CLE/EDICEF, Collection « Champions» et *Langage -lecture, SIL,* Paris/Yaoundé, Hatier/CEPER, Collection « Le Flamboyant » pour ce qui est des exemples en français. Quant aux données en anglais, elles proviennent de *Primary English for Cameroon, Book III,* Malaysia, Hilary Thompson; *Evans Primary English Course for West Cameroon, Book III* et *Evans Brothers Ltd,* respectivement. Les exercices de ce niveau mettent l'accent sur l'expression écrite (copie, dictée, écriture) et orale (lecture, vocabulaire).

---

[9] Le corpus pour l'analyse est constitué des manuels de français et d'anglais supports d'apprentissage mobilisés pour l'enseignement des langues officielles de 1995 à 2005 dans les cycles maternel et primaire. Ce corpus est constitué à partir des albums utilisés dans les maternelles anglophones et francophones du Cameroun d'une part et des livres de lecture qui ont connu une certaine longévité au programme dans les primaires anglophones et francophones de la même période. Ces livres tiennent lieu de livre unique, support à des activités variées. Nous avons ainsi dépouillé toute la collection « Etoile » de CEPER, toute la collection « Le Flamboyant » de HATIER/CEPER, toute la collection « livre unique » de Hatier et toute la collection « Champion » de CLE/EDICEF pour le manuel francophone et les séries *Primary English for Cameroon, Evans Primary English Course for West Cameroon et* Evans Brothers pour le manuel anglophone.

Les données

Texte I: Copie

« Désiré répare les voitures dans le garage.

« L'avion de Nicolas arrive

« Tabitha a des nattes sur la tête « Oncle Touna est chez le mécanicien

« Désiré ne dort pas, il lit.

Texte II: Ecriture

« Pola pèle des pommes

« Momo mange des légumes

« La dame prépare le repas de midi dans une marmite

Texte III : Exercice de construction. Travail demandé :

Complétez avec les mots de la liste : **Liste A** : sel, sucre, salade, leçon.
Liste B : hier, aujourd'hui, demain

« Sara vend du sucre - Sidonie achète de la salade - Serge a donné une leçon à Salomé »

« Kévine va à la boutique - Elle ne va pas à l'école aujourd'hui - Demain elle ira au champ »

Ceci est un exercice à trou et nous avons convenablement rempli lesdits trous pour les besoins de la cause.

Texte IV : Exercice de grammaire.

"The children help their parents: Afi always washes the dishes. She never fetches the water and she sometimes makes the bed. Aka never washes the dishes, he sometimes makes the bed and always fetches the water

Texte V: "Welcome to Kumba"

This is our house. These are my parents, Mr. and Mrs Manga. My father is a nurse. My mother is a doctor. Mr. And Mrs Tabe live next door. He is a driver and she is a policeman. Mr. And Mrs Modi live next door to Mr. And Mrs Tabe. Mr. Modi is a teacher. His wife is a teacher too.

37

Texte graphique : adjuvant ou opposant au but du discours ?

Ces données sont centrées sur l'apprentissage de la Copie (Texte I), de l'écriture (Texte II), de la construction des phrases (Texte III), de l'emploi des adverbes de fréquence (Texte IV), de la présentation des êtres et des objets (Texte V). Les différents exercices, sur le plan pédagogique, visent chez l'apprenant(e) la révision des sons en copie (rappel de la maternelle) [r], [i], [t], [n] ; la syllabation [mo], [ma], [me], etc. en écriture ; la capacité à compléter les trous en construction de phrase (les mots contenant le son [s] d'une part et l'emploi des adverbes de temps d'autre part). Seulement, sur le plan sémantique, ces données renvoient à des activités diverses de la vie quotidienne: le ménage, la beauté, le voyage, le petit commerce, les travaux champêtres, etc.

L'apprenant(e) du niveau I qui recopie mécaniquement après l'enseignant(e) apprend sans doute par ricochet, mais découvre quand même que certaines professions (garagiste, pilote, enseignant, etc.) qui sont ici curieusement des métiers de leaders dans des équipes de travail, sont exercés par des hommes, tandis que le ménage, la cuisine et le petit commerce sont propres aux femmes. Quand l'être est présenté sous un jour favorable, quand il joue les premiers rôles et surtout, quand il évolue dans un espace ouvert au public, c'est Désiré, Aka, Momo ou Nicolas. Par contre, si celui-ci est retranché dans une sphère discrète (comme celle de la chambre), s'il doit «recevoir une leçon», au propre comme au figuré, s'il est passif, c'est Salomé, c'est Sara, c'est Pola, c'est Afi ou Sidonie, c'est Tabitha qui a en tout et pour tout atout sa beauté à exhiber. Rappelons tout simplement qu'au sens figuré et selon le *Petit Robert, Dictionnaire de la langue française*, « recevoir une leçon » signifie bien recevoir des instructions, se faire dicter sa conduite, se faire chapitrer, etc. (Robert, 1986 : 1080).

On note toutefois une nette évolution quant à la représentation de la femme dans le manuel d'anglais du niveau I. Comparativement au texte francophone, le discours y est moins sexiste. Dans *Primary English for Cameroon Book III* et même dans toute la série, les textes supports à des exercices variés, en dehors de quelques exceptions, sont plus proches de la réalité camerounaise contemporaine. Le texte

V témoigne de cette évolution/révolution. En observant ces échantillons qui servent de support à la manipulation des « Présentations », l'on constate que la femme exerce ailleurs que dans des sphères privées ou discrètes: elle est médecin, policière, enseignante, etc. Quand on sait avec Ngalasso Mwatha Musanji que les langues «sont des instruments de promotion économique et sociale» (Ngalasso, 1986 : 3), on pourrait, au regard des données analysées à l'instant, voir non seulement depuis où et comment la violence symbolique faite aux femmes est plus que suggérée, mais aussi et surtout induire l'impact de cette violence sur l'édification de la personnalité des sujets-apprenants et partant, ses effets discriminants sur les positionnements potentiels de l'apprenant et de l'apprenante, en tant que futurs acteurs dans le champ social. Pareils visages de femmes tels que présentés par les manuels correspondent à un Cameroun d'il y a 40 ans. Selon justement les chiffres de *Pauvreté et éducation. Deuxième enquête camerounaise auprès des ménages* (2002), 70% de femmes travaillent dans 30% de métiers salariés.

Le niveau 2 : CE1 et CE 2

Au CE1, le texte VI ci-après vise chez l'apprenant(e) l'auto présentation: M. N'diaye est maître alors que Mademoiselle Diakité est personnel hospitalier. M. Boiré, quant à lui est directeur d'école et Aliou Diallo écolier. Le Texte VII déroule l'univers scolaire en un jour de la rentrée, avec son cortège de préparatifs pour l'occasion, de retrouvailles et surtout l'atmosphère studieuse de la salle de classe. Le dernier échantillon, Texte VIII, amène l'apprenant(e) de ce niveau à identifier ou reconnaître les partenaires de l'univers scolaire : le maître, l'écolier et le chef de l'institution. Les données analysées ici proviennent de la méthode *Livre unique de Français, CE1*, Collection «Le Flamboyant», Yaoundé/Paris, CEPER/Hatier.

Les observables
Texte VI : Expression:
« Je suis Monsieur N'diaye, c'est moi qui vous ferai la classe de cette année.

39

« Je m'appelle Mademoiselle Diakité. Je travaille au dispensaire

« Je suis Monsieur Boiré, je dirige l'école.

« Je m'appelle Aliou Diallo, j'écoute le maître.

Texte VII : Lecture

Aujourd'hui, c'est la rentrée des classes. Aliou entre au cours élémentaire première année. Ce matin, il s'est levé de bonne heure. Hier, il a eu le temps de préparer son cartable. Dans la cours de l'école, il a retrouvé ses camarades sauf Amadou qui a déménagé. Une fois en classe, le maître fait l'appel, puis, il distribue les cahiers, et chacun s'applique à écrire son nom et son prénom sur la première page. Aliou est attentif parce qu'il veut être un bon élève.

Texte VIII : Vocabulaire:

« Qui travaille à l'école ?

Le maître- le boulanger- l'instituteur-le cultivateur- le berger- l'écolier- le directeur. »

(In) adéquation entre dire et faire

L'enseignement de la langue au niveau 2 concourt à «développer les compétences des élèves à la fois en expression et en compréhension orales et écrites» (Ministère de l'Education de Base, 2009 : 18). Si l'on s'accorde sur le fait que l'élève doit se construire une identité individuelle et sociale à partir de sa formation, l'on peut constater que, du point de vue des savoir-faire et savoir être, le discours des classes intermédiaires des Cours Elémentaires première et deuxième années, CE1 et CE2 ne véhicule pas une meilleure image du « deuxième sexe», ainsi que le révèle la plupart des morceaux choisis ci-dessus.

De tous les quatre personnages qui se présentent dans le texte VI, la femme intervient une seule fois, soit un rapport de prise de parole de *25%* contre *75%* pour l'autre sexe. Elle « travaille au dispensaire» : agent de ménage? secrétaire? nurse? médecin? En tout cas, l'imprécision qui entoure la profession exercée par mademoiselle Diakité, au terme même de sa présentation est, tout le moins suspecte, surtout que les autres acteurs de la scène ont annoncé des fonctions précises: maître, directeur, écolier. Or, nommer, c'est créer, ainsi que nous l'apprend l'histoire de l'éducation : « nous n'identifions les choses que dans la mesure où nous leur attribuons, par l'éducation ou par l'imagination, un sens, c'est-à-dire une réalité [...] En art comme en linguistique, le point de vue crée l'objet» (Francastel, 1965 : 76). Il existe ainsi une relation de dépendance entre le visible et l'imaginable. Patrick Charaudeau déclare justement : « si nommer des êtres et les qualifier de façon spécifique, c'est donner à ces êtres un corps dans le monde de la représentation langagière, ne pas les nommer ou les nommer de façon imprécise [...] c'est ne pas leur prêter « un corps », c'est donc ne pas appréhender leur identité d'êtres qui pourtant agissent» (Charaudeau, 1983 : 115). En effet, par l'emploi d'une lexie, d'un genre de discours, un locuteur se situe déjà dans un espace discursif déterminé. Aussi, la « réalité » qui se présente aux yeux de l'apprenant(e) sous la forme des signes de la langue ou des comportements nécessite-t-elle de sa part, un œil qui transmet à l'esprit l'objet ou le fait social nommé.

Ballandier affirme en effet : « la réalité apparaît dans cette oscillation du visible à l'imaginé et n'est assurée, ne devient effective que dans la mesure où l'imaginé prend forme et c'est par le nom que, prenant forme, il acquiert une consistance de la réalité» (Balandier, 1987 : 116). Or, l'univers scolaire, pour ce qui est des acteurs, est réduit à la gent masculine exclusivement. Les textes VII et VIII, comme nombre d'autres, en font foi. Dans lesdits supports d'apprentissage, mention n'est faite nulle part des termes « maîtresse», « écolière» tandis que les noms propres sont essentiellement d'hommes. La construction de la réalité conceptuelle passe par la langue, par le mot comme le dit si bien Ballandier. On n'a ainsi pas nécessairement besoin d'être de mauvaise foi pour relever cette censure ou ce bâillonnement symbolique qui semble empêcher le «deuxième sexe» de se nommer, de s'identifier avec précision. Le discours de formation semble ainsi, à travers pareils supports d'apprentissage, proscrire l'existence de la femme en tant qu'actrice ou partenaire de l'univers académique qui pourtant est un adjuvant

41

incontournable dans l'acquisition du savoir pluriel, condition sine qua none pour « l'épanouissement des Camerounais des deux sexes» (*Programmes*, 1983 : 34). Au regard de l'objectif de ce niveau, tout porte dès lors à croire que l'apprenante, pourtant déclarée et reconnue officiellement partie prenante dans la course au savoir pluriel délivré par le système, est confondue au décor.

Le niveau 3 : CM 1, CM 2 et *Senior Primary Level*

Les données ci-dessous constituent des supports pour la manipulation de tous les exercices de langue: lecture et vocabulaire en général, la fonction « sujet » (Texte XI), la proposition subordonnée (Texte IX) ou la ponctuation (Texte XI) ; la conjugaison : le gérondif (Texte X), le subjonctif (Texte IX), la terminaison et le groupe des verbes (Texte XI) pour les textes en français d'une part et d'autre part, l'étude de texte (Reading Compréhension) pour le texte en anglais.

Les échantillons

Texte IX: Lecture
Les préparatifs d'un bon repas

Hortense, la tante de Nini, se charge de préparer un excellent repas pour recevoir des amis. De bon matin, Fatou Fall se rend au marché de Guet-Ndar en compagnie du petit Bakary. [...]Ayant fait des achats, Fatou retourne à la maison ployant sous la corbeille pleine de provisions. Tante Hortense ne veut pas confier la préparation de ce repas important à des mains malhabiles. Aidée de Fatou Fall et de Bakary, elle se met donc à l'œuvre très tôt dans l'après-midi. [...] A la nuit tombante, tous les plats sont à point et il ne reste plus qu'à dresser la table. Besogne délicate pour laquelle il faut toute la science de Nini, aidée par son amie Madou. (Un groupe d'auteurs, 1995 :76-77)

Texte X: Lecture
Miss Johnson

Tous les matins, à 7 heures précises, Miss Johnson sort de 1'appartement deux pièces qu'elle habite avec sa sœur cadette et se dirige vers le carrefour encombré de voitures. [...] Miss Johnson arrive à son bureau, une pièce étroite perdue dans 1'immense bâtiment du ministère des affaires sociales à 8 heures et demie. [...]Les dossiers se ressemblent tous. Elle recopie les noms, les adresses, les dates et met des numéros dans le registre. Elle fait cela mécaniquement. Elle s'ennuie. Ce travail routinier alourdit ses pensées et la rend maussade. Heureusement, elle va quelquefois porter un dossier urgent dans une autre aile du ministère. Cela coupe un peu la longue monotonie du temps. Elle est toujours la première à arriver et la dernière à partir. [...] Plus tard, quand la journée de travail sera terminée, après que le chef 1'ait appelée plusieurs fois dans son bureau pour lui donner d'autres dossiers, Miss Johnson rentrera à la maison.

Or, en cette fin de journée, son attention est captée sur sa route par une petite boutique qui vient tout juste d'ouvrir. Une grosse pancarte indique: « Artiste peintre. » Miss Johnson s'approche et regarde à 1'intérieur. Quand elle arrive, l'artiste est en train de travailler dans son atelier. Lorsque le jeune homme la remarque enfin, il la fait entrer en l'accueillant avec chaleur. Alors, ils se mettent à bavarder. (Un groupe d'auteurs, 1995 :132-134)

Texte XI: Lecture
A l'école

A l'école, nous allions à nos classes, filles et garçons mêlés et, sitôt assis, nous étions parfaitement attentifs et immobiles; aussi notre maître donnait-il ses leçons, dans un silence impressionnant. Il était partout à la fois et sa volubilité aurait étourdi des élèves moins attentifs que nous. [...] Ce tableau noir était notre cauchemar, il reflétait 1'image de notre savoir qui était souvent mince. Or, si nous ne voulions pas recevoir une solide volée de coups de bâton, il s'agissait, la craie à la main, de payer comptant. (Un groupe d'auteurs, 1995: 8)

Texte XII: At the Market

Mrs Beth Mandeng goes to the market twice or three times a week. She has to buy food for her husband, her two children, and the family cat. She works at the post office and her husband is a bus driver with Amumba Express [...] She has to choose the food carefully in order not to spend too much money. Her husband told her to stay within the family budget [...] She is going to buy fish. Fish is less expensive so she buys fish more often. She is also going to buy some honey for her children because she was told at the clinic that honey is medicinal (Un groupe d'auteurs camerounais, sd: 108).

Contenus latents et manifestes des observables

Au niveau 3, nombre de textes de lecture ou de récitation, ici plus qu'aux niveaux inférieurs, sont des extraits d'œuvres de création ou de textes fonctionnels. Etant donné que le cadre restreint d'un article ne nous permet pas de présenter tout le corpus, nous limitons les données analysées aux extraits de *Nini* d'Abdoulaye Sadji (Présence Africaine), de *La Chanson de la vie* de Véronique Tadjo (Paris, Hatier) et de *L'Enfant noir* de Camara Laye, (Paris, Plon,) respectivement. Elles sont tirées de *Livre unique de Français, CM2,* Yaoundé/Paris, CEPER/Hatier, Collection le « Flamboyant». Par contre, dans le manuel anglophone de ce niveau, les animaux agissent plus à la place des hommes. Les personnages, quand ils sont déployés, sont désignés par leurs noms de famille africains et non leurs prénoms, ce qui crée une certaine neutralité. De manière générale, les noms africains n'annoncent pas explicitement le sexe de la personne nommée, comme dans la culture française ou anglaise véhiculée par l'école. Mieux, la femme, au-delà du fait qu'elle est plus sollicitée dans l'univers domestique, est présentée sous des jours réellement favorables : institutrice, médecin, postière, policière ou conteuse, etc., ainsi que l'on peut le remarquer dans *Basic English for Cameroon, Book V* ; *Evans Cameroon Primary English, Book VII* et *Primary English for Cameroon Book VI* que nous avons dépouillés.

A ce niveau terminal du primaire, l'élève qui a entre 9-13 ans, doit entre autres performances, être capable de « saisir les significations les plus évidentes d'un texte pour exercer son jugement, son esprit critique, pour acquérir la culture nécessaire à la vie professionnelle et à la vie en société » (Ministère de l'Education de Base, 2009 : 19).

44

Ainsi, au-delà de la manipulation de ces exercices de grammaire, d'orthographe, etc., les apprenant(e)s retiennent que le guide académique, c'est l'enseignant -au masculin-, c'est-à-dire le Maître. Dans les autres secteurs de la vie socioprofessionnelle convoquée dans les supports, le personnage féminin c'est la secrétaire blasée de Véronique Tadjo qui reçoit les ordres de son patron et qui mécaniquement « recopie les noms, les adresses, les dates et met des numéros dans les registres », classe les divers « dossiers qui se ressemblent tous »; c'est la bonne ménagère à la cuisine appétissante d'Abdoulaye Sadji « inégalable quand il s'agit de présenter un repas digne des rois... »

L'habitus manifestement teinté d'androcentrisme qui prend naissance chez l'apprenant(e) de la Maternelle semble ainsi se renforcer graduellement jusqu'au terme du cycle primaire. Pendant cette période de son développement, les psychologues l'ont attesté, l'apprenant(e) découvre le monde et s'y positionne à travers le langage. En même temps qu'ils manipulent la fonction « sujet » par exemple, les élèves apprennent que la réflexion donc le savoir et le savoir-faire sont concentrés sur la figure mythique du maître ou de l'instituteur ; ils apprennent que c'est le peintre qui fait preuve de créativité et d'ingéniosité, que le pouvoir de commander revient au « patron » de Miss Johnson, des tâches qui sont essentiellement masculines tandis que les rôles subalternes, secrétaires, femme de ménage, ou toute autre tâche dévalorisante ou dégradante sont assumées exclusivement par la gent féminine. En appréciant ces données au sens sémio linguistique du terme, l'on est tenté de penser que dans cette mission que se donne l'institution scolaire en tant qu'espace discursif par excellence de la construction et de la cohésion nationales, le « sexe faible» semble partir impotent sinon « mal parti» pour pasticher l'expression devenue célèbre de René Dumont. Dans la course à la parole et donc au savoir, le discours de formation semble offrir ainsi à l'apprenante, comparativement à son congénère, de faibles armes. Et donc, naître femme est une punition ou une malédiction ainsi que le dit Tapepoussière, la jeune héroïne de la romancière camerounaise Calixte Beyala. La déduction la plus évidente ici c'est que ces exercices pédagogiques véhiculent des messages sexistes voire misogynes et qui sont parfois en déphasage avec les us et coutumes de la société de référence, ainsi qu'on l'a relevé plus haut.

Espace scolaire, un lieu de (dé)construction nationale ?

Dans ses travaux, Pierre Bourdieu montre comment tous les rapports de communication sont des rapports de pouvoir. En effet, dit-il, « les mots exercent un pouvoir typiquement magique : ils font croire, ils font agir [...] C'est la prime éducation au sens large qui dépose en chacun les ressorts que les mots (...) pourront un jour déclencher» (Bourdieu, 1994 : 89). En mettant en exergue la force agissante et même créatrice du verbe, l'auteur de « Ce que parler veut dire » montre ainsi que le pouvoir des mots réside dans « la complicité qui s'établit, au travers des mots, entre un corps social incarné dans un corps biologique, celui du porte-parole, et des corps biologiques socialement façonnés à reconnaître ses ordres, mais aussi ses exhortations, ses insinuations ou ses injonctions, qui sont les « sujets parlés » (Cité par Mignan, 2002: 2).

Les différents extraits de manuels relevés permettent de constater que les thèmes développés dans ces exercices renseignent davantage sur les rôles et même les places respectives de l'homme et de la femme. Cette dernière est impliquée à 99% si le thème porte sur l'univers domestique ou familial tandis que les tâches relevant du domaine socioprofessionnel ont comme agents des hommes. Or, on l'a vu, la pensée qui nomme se constitue, dans l'acte d'appellation. « La langue apparaît comme le milieu par lequel doit passer la pensée avant de se trouver elle-même, avant de se donner une forme théorique déterminée» (Cassirer, 1973 : 78). Le savoir ainsi véhiculé aux jeunes écolier(e)s colporte beaucoup d'idées reçues, des poncifs contestables et surtout des stéréotypes au sens où l'entend Ruth Amossy. En effet, « le stéréotype constitue l'équivalent de l'objet standardisé dans le domaine intellectuel. Il est l'image préfabriquée, toujours semblable à elle-même, que la collectivité fait

46

monotonement circuler dans les esprits et les textes» (Amossy, 1991 : 21). Dès lors, en plus des compétences explicitement visées par l'enseignement de la langue, les apprenant(e)s sont instruits de certaines «réalités» et faits qui, non seulement produisent des représentations sexistes, mais aussi reproduisent les structures sociales et les hiérarchies sexuelles.

Des représentations à fonctions cognitives

Comme on le sait, le stéréotype peut être à la fois mélioratif et péjoratif. S'il permet d'examiner chaque être, chaque objet dans sa spécificité propre et en détail en le ramenant à un type ou à une généralité, il développe par-là même des «attitudes» en tant que position qu'adopte un agent individuel ou collectif envers un objet donné, position qui s'exprime par des symptômes et qui règle les conduites. Dès lors, l'on peut comprendre l'engrenage dans lequel le texte graphique de formation des cycles maternel et primaire que nous avons analysé est pris, sans doute par la bonne foi des concepteurs. En adhérant peut- être «inconsciemment» aux stéréotypes, le discours de formation scolaire cède ainsi à ce que Denise Jodelet (1999) nomme les fonctions cognitives des représentations sociales, qui ont la caractéristique de permettre aux individus d'intégrer des données nouvelles à leur pensée et d'engendrer ainsi des attitudes et des comportements. Ce discours, en même temps qu'il voudrait combattre l'inégalité, choisit pour les jeunes filles sans doute sans s'en rendre compte, un rôle qui aboutit à reproduire les injustices dont le «sexe faible» est victime. Reconnaissant justement l'effet perlocutoire du mot sur la personnalité de l'individu, Aline Mignan déclare : « la force qui agit à travers les mots se trouve dans les paroles mais aussi à travers les porte-parole représentatifs d'un groupe » (Mignan, 2002 : 1). L'apprenante, au sortir du primaire, peut ainsi se construire plutôt comme un être de seconde zone, un être passif, inapte au travail intellectuel, aux côtés de son congénère qui, lui, est encouragé de plus en plus à «agir» comme «locomotive». Les didacticiens pensent

47

justement que la difficulté de la formation tient à la nature même de la question à traiter : « Si l'on enseigne quelque chose à quelqu'un, on forme quelqu'un à quelque chose. Le quelqu'un, objet et direct en formation devient sujet, c'est-à-dire acteur» (Cuq et al, 2003 : 104). Etant donné que l'individu au stade de l'enfance est un être en devenir, il doit, pour s'intégrer dans la société et s'y épanouir, s'approprier des compétences nouvelles, s'enrichir, s'améliorer par des apports constants. C'est donc à partir d'une faille que la Camerounaise semble manifestement appelée à se construire en tant qu'actrice sociale. Ainsi, les filles et contrairement aux garçons, sont éduquées en fonction d'une certaine idée qu'on se fait de la féminité et sont par conséquent amenées à acquérir les attitudes nécessaires à remplir les fonctions subalternes qu'on leur destine ou pour lesquelles on les destine.

Des représentations à fonctions identitaires

En tant qu'institution sociale et sous l'angle sociologique, l'école est un réseau de positions qui préexistent aux acteurs et qui sont organisées de telle sorte qu'à travers l'institution scolaire s'accomplissent des fonctions sociales plus vastes. L'école, dit Emile Durkheim, permet entre autres l'« inculcation des valeurs dominantes, [la] socialisation des agents et [l'] organisation de la compétition préparatoire au positionnement social» (Durkheim, 1991 : 58). Or l'on peut constater avec Dominique Mainguneau que « le champ discursif n'est pas statique mais un jeu d'équilibre instable ; il n'est pas homogène non plus. Il y a des positionnements dominants et des dominés, des positionnements centraux et périphériques. Un positionnement « dominé » n'est pas nécessairement « périphérique » mais tout positionnement « périphérique » est « dominé» (Charaudeau et Maingueneau, 2002 : 97). Dès lors, l'identité de la femme camerounaise, sa place dans la société, comparativement à celle de l'homme en tant que « produit de l'école », est consécutive à la place qu'elle occupe dans le champ discursif des méthodes, moule qui a façonné les savoir être. L'intégration des individus dans la chaîne

48

sociale étant très fortement déterminée par l'habitus familial et scolaire, l'on peut conclure que les représentations de la femme telles que les données analysées l'ont montré, auront constamment tenté de laisser croire aux apprenants des deux sexes que l'épanouissement de la femme passe, quand elle échappe au foyer/mariage, par un statut d'être de seconde zone dans la société. Bien plus, l'image sociale de la femme qui se dégage ainsi des manuels d'apprentissage du français et de l'anglais de la période de référence, semble bien en retard par rapport à la réalité camerounaise. Car, quoique très faiblement investie dans les lieux réels de pouvoir, la femme a fait ses preuves d'actrice efficace dans des secteurs autres que ceux qui maintiennent ou manifestent sa subordination.

Conclusion

Au terme de l'analyse, l'on peut constater que les objectifs de l'Education Nationale au Cameroun sur l'égalité entre les sexes ne sont pas poursuivis efficacement au niveau des actions pédagogiques. Les observables analysés réfléchissent des représentations plutôt troubles de la femme, si l'on considère les « visages» qui se dégagent de sa présence dans le texte graphique exploité à la maternelle et au primaire. Les images de parole qui circulent dans nombre de méthodes des niveaux concernés sont la conséquence des stéréotypes de la femme par rapport à la donne sociale ambiante. En effet, dans les données du corpus, les traits dominants liés à la femme, qu'ils relèvent des composantes cognitive, affective ou comportementale, sont essentiellement dévalorisants ou minoratifs : méprisée, la femme semble généralement ne jamais être en pouvoir de s'affirmer ailleurs que dans des sphères discrets, même symboliquement. Toutes les tentatives de prises utiles de parole dans et autour du discours de formation scolairesemblent rejetées par l'Autre. Ceci est susceptible d'installer dans le subconscient des apprenant(e)s, manipulateurs dudit discours, une discrimination en défaveur de la gent féminine. Or les sujets apprenants, à ce stade de leur formation acquièrent le langage du monde à travers leur monde constitué

49

presqu'exclusivement du langage. Le discours de formation semble ainsi proposer à la Camerounaise de se construire individuellement et socialement à partir d'une faille. Car le paradigme genre pourtant inscrit dans le projet politique ambiant ne trouve qu'une traduction biaisée dans le projet pédagogique qui est censé être sa concrétisation. Il devient par conséquent plus qu'urgent de prendre en compte le paradigme « genre » dans le choix et la qualité des textes et autres documents authentiques supports à l'enseignement de la langue, pour que le discours scolaire ne soit plus en porte-à-faux avec le discours politique dominant de même qu'avec la réalité sociologique.

Bibliographie

Abric, Jean- Claude (1994), *Pratiques sociales et représentations*, Paris, PUF.

Amossy, Ruth (1991), *Les Idées reçues, sémiologie du stéréotype*, Paris, Nathan.

Balandier, Georges, « Images, images, images», Cahiers internationaux de sociologie, n° 34, vol. LXXXII, 1987.

Bonnewitz, Patrick (1997), *Premières leçons sur la sociologie de Pierre Bourdieu*, Paris, PUF.

Bourdieu, Pierre (1982), Entretien avec Didier Eribon, in « Libération » du 19 octobre 1982, http://adonnart.free.fr/doc/parler.htm: 2, accédé en octobre 2006.

Bourdieu, Pierre (1984), « Espace social et genèse des « classes ». *Actes de la recherche en sciences sociales,* N°52/53.

Bourdieu, Pierre (1987), *Choses dites*, Paris, Edition de minuit.

50

Bourdieu, Pierre (1994), *Raisons pratiques : sur la théorie de l'action*, Paris, Seuil.

Bracops, Martine et al. (2005), *Introduction à la pragmatique. Les théories fondatrices : actes de langages, pragmatique cognitive, pragmatique intégrée*, Bruxelles : De Boeck, DL.

Cabinet Civil de la Présidence de la République (ouvrage publié par) (1992), *Cameroun 1982-1992. Des faits et des chiffres. Le bilan de la décennie Biya*, Yaoundé, Editions Saint-Paul.

Charaudeau, Patrick (1983), *Langage et discours. Eléments de sémio linguistique (Théorie et pratique)*, Paris, Hachette université.

Charaudeau, Patrick & Maingueneau, Dominique *(Sous la direction de)* *(2002)*, *Dictionnaire d'analyse du discours*, Paris, seuil.

Cuq, Jean-Pierre (Sous la direction de) (2003), *Le Dictionnaire de didactique de français*, Paris, CLE International.
Durkheim, Emile (1991), *Les Formes élémentaires de la vie religieuse*, Paris, Le livre de poche.

Duru Bellat, Marie et Henriot-Van Zanten, Agnès (1992), *Sociologie de l'école* Paris, Armand Colin.

Fandio, Pierre (1999), « Enseignement des langues étrangères et problématiques de l'intégration nationale en Afrique postcoloniale : le cas du Cameroun », *Bulletin Francophone de Finlande n° 9*, Université de Jyväskylä, Institut des Langues Romanes et Classiques.

Francastel, Pierre (1965), *La réalité figurative*, Paris, Denoël-Gonthier.

Institut National de la Statistique (2002), *Deuxième enquête camerounaise auprès des ménages. Pauvreté et éducation au Cameroun en 2001*, Yaoundé, Institut National de la Statistique.

Institut National de la Statistique (2003), *Deuxième enquête camerounaise auprès des ménages. Pauvreté et genre au Cameroun en 2001*, Yaoundé, Institut National de la Statistique.

Jodelet, Denise *(Sous la direction de) (*1999), *Les Représentations sociales*, Paris PUF

Kopf, Martina (2005), "Writing Sexual Violence : Words and Silences in Yvonne Vera's Under the Tongue", *Body, Sexuality and Gender*, Edited by Flora Veit-Wild & Dirk Naguschewski, Amsterdam-New York, *Matatu Numbers 29-30*.

Maingueneau, Dominique (2001), *Pragmatique pour le texte littéraire*, Paris, *Nathan*.

Mignan, Aline (2002), « Langage et pouvoir symbolique », Idées, http://www.cndp.fr/RevueDEES/notelecture/200211-05.htm, accédé en juillet 2004.

Ministère de l'Education de Base (2010), *Réformes pédagogiques dans l'enseignement maternel, primaire et normal au Cameroun de 1960 à 2010*, Yaoundé, Sous presse.

Ministère de l'Education nationale (1984), *Programmes de 1'Enseignement Secondaire Général, Edition 1983-1984*, Yaoundé, CEPER.

Ministère de l'Education Nationale (1986), *Rapport Général des Etats généraux de l'Education, 86*, Ministère de l'Education Nationale.

Ministère de l'Education nationale (1997), *Programme de Français (French) en classes anglophones des établissements d'enseignement secondaire général*, Yaoundé, Ministère de l'Education Nationale.

Moeschler, Jacques & Reboul, Anne (1999), *Dictionnaire encyclopédique de pragmatique*, Paris, Ed. du Seuil.

Ngalasso, Mwatha Musanji (1986), « Etats des langues et langues de l'Etat au Zaïre », *Politique Africaine n°23: Des langues et des Etats*, Paris, Karthala.

Ngoh, Victor Julius (1996), *History of Cameroon since 1800*, Limbé, Presbook.

Nielberg, Jérôme-Alexandre (2001), « Langage et pouvoir symbolique », *Revue électronique de sociologie*, http://vcampus.univ-perp.fr/espritcritique/0311/crc2.html, accédé en juillet 2002.

Schaaff, Adam (1969), *Langage et connaissance*, Paris, Anthropos.

Tetchiada, Sylvestre, « Les femmes entre la marginalisation et la volonté d'autopromotion » (http://www.ipsnews.net/fr/interna.asp?idnews=1869), accédé en août 2005.

Yaguello, Marina (1992), *Les Mots et les femmes*, Paris, Payot.

3

Associations d'entraide « pouakone » et développement communautaire dans le Noun

Oumarou Njoya

Introduction

A partir des années 80, on peut dire que l'échec des Etats africains issus des indépendances est reconnu dans les domaines essentiels : économiques, culturels, politiques, etc. Ils sont dès lors soumis à des politiques d'ajustement qui aggravent leur situation. Les politiques d'austérité au Nord et d'ajustement pour le Sud ont des effets pervers sur les populations. Dans les villages et les villes, les femmes, bousculées par la rigueur de la vie quotidienne, tentent de prendre en charge leur destin à travers des associations d'entraide que constituent les réponses et les formes d'adaptation des groupes de base à la « conjoncture ».

A l'Ouest comme à l'Est, au Nord comme au Sud du continent africain, les différentes communautés ont trouvé des formules appropriées pour désigner ces types d'organisation locale et traduire leur état d'esprit fait d'assistance mutuelle, d'effort commun, de responsabilité sociale et d'autosuffisance communautaire. Au Kenya, les Luo les appellent *Konye Kende*, les Luhya *abwasio*, les Kikuyus *ngwatio*, les Kamba *Mwethia*, les Massaïs, *Ematonyoki*. En Afrique de l'Ouest, on peut citer le terme ouolof *mbootaa*. En Afrique australe, il y a les groupes *Nkimbe Amalima* qui organisent le travail agricole au bénéfice de la communauté.

Chez les Bamum de la région de l'Ouest du Cameroun, cette forme de vie associative s'appelle Pouakone, « entente » ou pour mieux dire, « l'entente vaut mieux que le conflit ». En 1990, cette structure communautaire a émergé parmi les associations féminines bamum engagées dans la promotion des petites activités économiques, l'assainissement du milieu, et la construction et la gestion d'équipements communautaires. Depuis cette date, elle essaie de s'adapter aux différents contextes sociopolitique, économique et culturel de l'ancien royaume bamum marqués par le processus de démocratisation et de décentralisation. Ainsi, elle s'affirme progressivement comme actrice à part entière du processus du développement local dans le département du Noun[10]. A partir d'un travail de terrain effectué dans les villes et les villages de Foumban et Foumbot, notre démarche dans cette étude tente, en trois articulation principales de répondre aux questions suivantes :

- Quelle est la spécificité du mode d'organisation des associations *pouakone* et quel est le mode de fonctionnement de ces structures communautaires ?

- Quels sont les domaines où s'exercent les initiatives menées par les associations *pouakone* ?

- Quel est le devenir de ce type d'organisation locale dans le contexte actuel de structuration de la société civile au Cameroun ?

Nous allons commencer par une note sur le concept de savoir local et montrer, à travers quelques exemples, l'importance que la Banque Mondiale lui accorde dans son approche des questions de développement.

Le concept de savoirs locaux au service du développement a été lancé pour la première fois en 1998 par la Banque Mondiale. A cette époque, la Banque Mondiale faisait injonction aux acteurs de la vie sociale de mettre à profit les connaissances traditionnelles dans l'agriculture, la santé humaine et animale, l'éducation, la gestion des ressources naturelles et dans bien d'autres activités économiques et sociales essentiels. L'intérêt que la Banque accorde à ces savoirs locaux est consécutif aux exemples de résultats obtenus grâce aux savoirs locaux qui donnent une idée de l'impact de ces savoirs sur le plan du développement. Au Mozambique, après quinze années de

---

[1]Ancien département bamoun

guerre civile, les chefs communautaires ont organisé en deux ans environ plus de cinq cents mille transactions informelles sur les terres et ils ont aidé à la réinstallation de cinq millions de réfugiés et de personnes déplacées. Il est important de mentionner qu'ils y sont parvenus sans l'aide directe ni des bailleurs de fonds ni du gouvernement central. Mais comment ces autorités locales traditionnelles ont-elles procédé ? Elles ont eu recours au droit coutumier local pour régler les litiges fonciers entre réfugiés rentrés au pays et des personnes restées au terroir pendant la guerre civile. De cette façon, les petits fermiers ont pu se réinstaller rapidement, reprendre leurs activités et contribuer ainsi à l'augmentation de la production agricole.

Au Népal dans un programme de vivres contre travail, les savoirs locaux se sont révélés être un plus puissant moteur de changement que les technologies modernes. Dans un programme de distribution de vivres financée par les bailleurs de fonds, d'importantes pertes de produits alimentaires avaient été constatées par les gestionnaires du programme. Pour résoudre le problème ils se sont tournés vers la communauté locale. Les deux parties sont arrivées à la conclusion selon laquelle la meilleure façon de procéder était de faire appel à l'équipement local (par exemple aux chars à bœufs), aux distributeurs locaux et à la supervision locale. C'est ainsi qu'en louant des chars à bœufs locaux pour remplacer les camions appartenant à des sociétés de transport basées dans les villes, il a été possible de procurer des revenus supplémentaires aux communautés rurales et de rendre le processus de distribution plus transparente.

Au Sénégal, les partenaires extérieurs ont essayé pendant les années de travailler avec les autorités nationales pour abolir la circoncision féminine ; mais ils ont engrangé très peu de succès. Finalement ce sont les savoirs locaux et la prise de responsabilités par les groupes communautaires qui ont eu un impact à l'échelle nationale. Après avoir suivi un cours d'alphabétisation pour adultes organisé par TOSTAN, une ONG locale, un groupe de femmes venant de Malicounda a décidé de s'attaquer au problème à leur niveau. Elles ont persuadé les chefs spirituels traditionnels de leur village de se joindre à la compagne qu'elles lançaient. En deux ans, ces femmes ont convaincu seize villages avoisinants d'abolir cette pratique. L'initiative de Malicounda faisant tâche d'huile, la circoncision féminine a fini par être déclarée illégale au Sénégal à la fin de l'année 1999. L'initiative a fait école dans les pays voisins où plus de 200 communautés ont fini par abolir la circoncision féminine[11].

Les exemples présentés ci-dessus montrent comment l'intégration des savoirs locaux dans l'exécution des projets et des programmes de développement peut permettre aux communautés locales de se prendre en charge. Cette prise de responsabilité surtout parmi les pauvres est l'un des principaux objectifs de la plupart des efforts de développement soutenus par la Banque Mondiale[3] A ce propos Nicolas Gorjestani pense que :

« (…) de plus en plus, les communautés seront appelées à décider elles-mêmes de leurs priorités en participant activement au dialogue sur le développement et en ayant davantage l'initiative dans la gestion des affaires ».[4]

De ce qui précède il résulte que les savoirs sociaux constituent pour la Banque Mondiale une précieuse ressource qui peut contribuer à améliorer l'efficience, l'efficacité et la durabilité du processus de développement. James D. WOLFENSOHN, ancien président de la Banque Mondiale ne pense pas autrement quand est de l'avis que :
« Les savoirs locaux font partie intégrante de la culture et de l'histoire d'un communauté. Il nous faut apprendre des communautés pour enrichir le processus du développement ».[5]
Atteh renchérit en disant que :
« (…) les savoirs locaux représentent ainsi un pan important de la culture des communautés rurales et constituent de ce fait, un capital qui a des vertus potentielles à même d'impulser le développement ».[6]

---

[11]Gorjestani, N., *Les savoirs au service du développement. Promesses et défis.* Washington. D.C : Editions de la Banque Mondiale, 1998, pp. 90-91.

Parlant justement des savoirs locaux, cet auteur souligne que le savoir des populations rurales a une dimension holistique, comprenant un large éventail d'expériences humaines au regard d'entités tangibles et intangibles. Leur champ de connaissance embrasse tous les domaines possibles tels que l'histoire, la linguistique, l'économie, la sociologie, la politique et l'administration, la communication, la science des sols, de l'eau, du climat, le temps, l'artisanat, la religion et bien d'autres encore. Dans ces domaines chaque groupe social a développé un savoir pouvant atteindre un degré de sophistication insoupçonné. Un savoir est si fiable que ces sociétés traditionnelles l'ont exploité avec succès et pendant longtemps pour assurer la survie du groupe.

Au regard de tout ce qui vient d'être dit, la conclusion minimale qui s'impose est la suivante : les savoirs locaux sont les éléments de la culture d'un peuple. Et par culture, il faut entendre à la suite de Gora Mbodj :

« L'ensemble des techniques, des outils, des idées, des schèmes, de comportement et de conduite, inconsciente ou non, qu'un certain nombre de personnes formant une société ont en commun et qui constituent les procédés pratiques et psychologiques par lesquels ces personnes ajustent leur existence au milieu naturel, humain et au mystère de la destinée ».[7]

Qu'en est-il à présent du pouakone en pays bamum ?

Le pouakone est un creuset où fusionnent les techniques, les outils, les idées, les schèmes de comportement et de conduite par lesquels les femmes et les hommes bamum ajustent leur existence à la « conjoncture », et, de ce fait, il peut être considéré comme un dépositaire des savoirs locaux du projet patrimonial bamum.

Dans le royaume bamum, les entraves des structures sociales traditionnelles et hiérarchiques n'ont pas permis aux communautés villageoises d'être totalement autonomes. Sur le plan culturel, social et politique, leurs affaires étaient régies par les lois, définies modifiées et appliquées selon les principes purement monarchiques par un conseil de conseillers royaux, *nkom ngu* présidé par le roi, *mfon*. Cette tradition qu'avait celui-ci se méfier de toute forme d'organisation autonome qui pouvait échapper à son contrôle s'est perpétuée jusqu'à la libéralisation de l'espace politique au Cameroun en 1990. Durant toute la période du parti-Etat, le royaume bamum était resté un « Etat » dans l'Etat du Cameroun et ses habitants étaient plus des sujets du « souverain » que les citoyens de la nation camerounaise. Dans le *commerce politique* avec les autorités centrales le roi s'était toujours positionné comme la seule notabilité qui parlait en pays bamum. Ce statut d'interlocuteur des bamum auprès du pouvoir central avait été renforcé par l'instrumentalisation des chefferies traditionnelles et leur cooptation par le pouvoir d'Etat qui entendait en 1972 avoir sous son giron les composantes du « Cameroun profond ».

Dans le Noun le mouvement associatif féminin a pris racine dans les associations traditionnelles d'entraide « *pouakone* ». En effet, pour faire face à leur pauvreté, les populations rurales et urbaines avaient décidé de prendre en charge leur avenir à travers les réponses que les associations d'entraide « *pouakone»* peuvent inventer pour relever les défis. Car comme le souligne avec pertinence. Sandbrook, R. :

> « Il est possible que à long terme, le meilleur espoir pour l'Afrique préside dans un développement soutenu par les mécanismes mêmes de la survie que la crise actuelle a suscités. L'auto organisation locale est un des premiers moyens de survie dans un contexte de détérioration économique avec un Etat corrompu et incapable. Les communautés locales du Zaïre, du Tchad, du Ghana, de l'Ouganda et du Soudan ne peuvent pas espérer construire une vie meilleure avec l'aide des autorités centrales et des agences de planification. Elles doivent dans une très grande mesure se débrouiller elles-mêmes (…) »[8]

C'est dans cette perspective que les populations des villes et des villages du Noun ont réhabilité le *mouo*, « la causerie » qui était un espace de discussion et de prise de décision locale dans la société traditionnelle bamum. Aujourd'hui, cet espace de palabres locales s'est sophistiqué et a pris le nom évocateur de pouakone « l'entente ». En réalité ce terme rappelle d'une part, les rapports conflictuels entre les partisans des deux principaux partis politiques en concurrence dans ce département. D'autre part, ce vocable insinue l'idée selon laquelle l'entente est préférable à la discorde. Qu'en est-il à présent de ses membres et de son mode de fonctionnement ?

Le pouakone: ses adhérents et son fonctionnement

Comme nous l'avons déjà mentionné, les associations féminines pouakone recrutent ses membres dans les villes et les villages de Noun. Ces membres sont en grande majorité les femmes issues du monde rural où la pauvreté a fait son lit. Elles sont secondées par les hommes dans les réunions où elles peuvent remplir les fiches de présence et prendre la parole en français car elles sont, pour la plupart, alphabétisées dans la langue française.

Selon la décision de la majorité des adhérentes, un jour de la semaine a été choisi pour la tenue des réunions. Celles-ci commencent toujours par une prière (musulmane ou chrétienne) dite par un membre âgé du groupe ; ensuite viennent les différentes cotisations qui sont faites en vue de la constitution d'un fonds de développement. Il importe de souligner ici que toute association pouakone ambitionne de devenir un groupe d'initiatives communes, d'actions sociales et communautaires. Ainsi, un fonds est constitué pour servir d'apport financier dans le cas d'une demande d'aide financière auprès des bailleurs de fonds.

Il est intéressant de souligner également que dans les débats, la demande de la parole par un membre se fait par une formule introductive dans laquelle la devise de l'association est clamée. C'est ainsi qu'un membre qui désire exposer son point de vue sur un sujet, lancera trois fois la formule, *Pouakone* « entente » à l'assistance et les membres répondent par *Ndichout* « une seule bouche » pour dire « ayons un même point de vue » ou encore « n'ayons pas de divergence de vue ». Deuxièmement, il lance l'appel, *Mfiéme*

« développement » avec la réponse *Ntolen, ntolen, ntolen* « perceuse de rocher » pour indiquer que l'entente qui unit les membres du pouakone peut leur permettre de surmonter n'importe quel type de difficulté. Les réunions se terminent toujours par la remise des sommes d'argent cotisées aux membres nécessiteux et par la visite aux membres malades et aux familles endeuillées ; car en fait, les pouakone sont également des lieux de partage de joies familiales des groupes de soutien et d'entraide pour les moments difficiles comme le deuil (Ela, 1994 : 148).

Zones d'interventions de la fédération pouakones unies (FPU)

Depuis trois ans environ, les associations d'entraide pouakone ont beaucoup évolué sur le plan organisationnel. En effet, elles se sont constituées, pour la plupart, en groupe d'initiatives communes d'actions sociales et communautaires (GIC). Avec l'aide des partenaires étrangers, les femmes de la FPU (GIC) interviennent dans les domaines très variés tels que l'entretien des points d'eau, l'assainissement du milieu et la promotion de petites activités économiques. C'est ainsi qu'au sein des pouakone, les femmes apprennent à tisser le pagne "tiéya" qui est très prisé par les touristes en visite à Foumban. Elles fabriquent également des ustensiles en terre cuite et des statuettes ornées de perles qui sont vendus généralement dans les foires agricoles que les communes du Noun organisent très souvent. Toutes ces activités visent à renforcer la cohésion parmi les adhérents, à les rendre visibles et à réhabiliter les groupes sociaux vulnérables et /ou en voie de marginalisation dans leur communauté (les veuves et les orphelins) et à promouvoir les droits humains, civiques et sociaux des populations dans le Noun. Ici, se pose la question du devenir de la fédération des pouakones unies.

La fédération des *pouakone* unies : Une société civile en acte

Dans les paragraphes qui suivent, les investigations devraient nous permettre de jauger le dynamisme des femmes bamum dans la

62

sphère d'actions réservées à la société civile et, partant, de montrer le rôle qu'elles assument dans le changement social en Pays bamum. Mais avant d'aborder ces investigations, nous devons répondre au préalable à une question : qu'est-ce que la société civile ?

Considérations théoriques

La notion « société civile » est apparue en français dans une traduction depuis le latin d'un ouvrage de Luther, au milieu du 16ème siècle. Les philosophes des 17ème et 18ème siècles, tels Locke (1990 : 145), Rousseau (1965 : 127), etc., en ont fait usage. Leurs premières réflexions portaient sur le rôle du citoyen dans la gestion de la *Res publica*, c'est-à-dire, littéralement, de la « chose publique ». Dans le mot « civil », se retrouve la racine latine « civis », laquelle signifie citoyen. La société civile signifierait donc, étymologiquement, la société des citoyens. Mais le seul recours à l'étymologie ne permet de cerner totalement, ni la complexité de la réalité sociale à laquelle renvoie le concept, ni l'évolution de cette réalité elle-même dont les formes d'expression, le profil social des acteurs, etc…peuvent beaucoup varier d'un système d'organisation politique, sociale, économique, à un autre.

Selon Dominique Colas (1994 : 56), qui a étudié les régimes communistes, ce qui caractérise le totalitarisme de tels régimes, c'est la tentative de fusion que l'Etat veut opérer entre lui et la société des citoyens. Il identifie la lutte pour les droits civiques au combat que la société civile mène contre l'Etat totalitaire pour se libérer de son emprise. Ici, la société civile manifeste son existence à travers, principalement, la défense des droits de l'homme, et rassemble, de ce fait, des opposants du totalitarisme, dont certains ont une forte culture politique.

En fait, le concept de société civile a souvent changé de contenu selon le contexte sociopolitique et économique du moment. Dominique Colas identifie cinq sens principaux de société civile. Cinq sens différents auxquels on peut ajouter d'autres, mais qui ont tous en commun le fait qu'ils se définissent par opposition avec la famille et,

63

donc, comme un mode particulier de lien, d'association autre que ceux de la parenté, laquelle est fondée essentiellement sur les liens de sang et d'alliance.

Chez Aristote (1971 : 62), la société civile ou « communauté politique » est une des formes particulières de la communauté humaine. Différente de la famille, elle s'oppose à *l'ethos*, le peuple considéré comme un mode d'organisation inférieur lequel est le fait, surtout, des barbares et de certains Grecs qui manquent encore l'humanité et chez qui la nature de l'homme, « animal social / politique », n'est pas encore complètement accomplie. Dans la pensée de Saint-Augustin, la société terrestre est opposée à la « cité de Dieu ». La séparation des deux royaumes à son origine dans la chute originelle. Toutes les sociétés politiques ne se valent : celles qui assurent la paix et permettent de contrôler la volonté de puissance sont supérieures aux autres ; elles sont la « République » et se confondent à la société civile. Pour Hobbes (1983 : 57), la société civile est toujours opposée à l'état de nature : elle permet de mettre fin à la guerre de tous contre tous et d'assurer la promotion de l'homme dans le respect des libertés individuelles. Chez Rousseau, la société civile est opposée à l'état de nature, mais celui-ci n'est pas un état de conflit mais de vie heureuse et harmonieuse. Ici, c'est la société civile qui est perçue comme un état dégradant. Dans la conception hégélienne l'Etat est distingué de la société civile et constitue la condition de l'existence même de celle-ci. La société civile devient la sphère où les hommes cherchent à satisfaire leurs besoins, par le travail, dans un cadre policé, où les corporations se définissent des règles de jeu pour « normer » leurs conduites. Règles de jeu sans lesquelles la société se dégraderait dans une guerre de tous contre tous, il y aurait un retour à l'état de nature, une régression de la société. C'est l'Etat de droit (même si la formule est postérieure à Hegel), assurant le contrôle social selon des règles précises, qui permet l'existence de la société civile. Marx renverse la conception hégélienne et analyse la société civile sous l'angle du développement historique qui doit accoucher, selon un mécanisme de différenciation en cours en son sein, de classes sociales différentes en lutte pour la

64

domination économique et politique. L'Etat ne serait alors que sous le contrôle d'une classe sociale particulière dont il défendrait les intérêts. Enfin, chez Gramsci, la société civile est considérée comme l'ensemble des institutions qui garantissent l'hégémonie idéologique de la classe dominante, mais qui peuvent être travaillées de l'intérieur par des forces oppositionnelles. De ce fait, elle n'est pas toujours un pôle d'opposition par rapport à l'Etat, car elle est aussi et plus souvent qu'on ne le pense, un appui pour l'Etat.

Concernant les niveaux de manifestation et d'expression de la société civile, Miklos Molnar (1990 : 123), en a identifié trois qu'il juge comme étant les plus pertinents :

Au niveau conceptuel, la notion de société civile permet de penser le rapport entre l'Etat et les citoyens, donc en dernier analyse, les relations entre gouvernants et gouvernés ;

Au niveau de l'évolution historique, la notion de société civile permet d'étudier les mouvements de masse, l'évolution des mentalités, des attitudes et des comportements ;

A un niveau global, la société civile peut être vue comme une permanente alternative face aux pouvoirs constitués ; alternative qui peut s'exprimer, soit à l'état latent sous la forme de conscience collective, d'initiatives nouvelles, soit à l'état de contrecourant réel.

En Afrique, le mouvement démocratique des années 90 a mis en exergue le concept de société civile présentée comme un ensemble de réalités disparates. Selon Christine Veauvy, la société civile, qui est souvent invoquée apparaît comme la dénégation d'une réalité mais sans vraiment être achevée d'être construite, comme concept ; on met en avant ses capacités propres au moment où les mécanismes de la représentation politique donnent des signes inquiétants d'épuisement. Aussi estime-t-elle que c'est quand le système social connaît une crise et que l'état caractérisé par une hypertrophie généralisée de ses institutions est remis en cause par les acteurs sociaux en quête de plus de libertés afin de pouvoir s'associer et prendre des initiatives résolutoires par rapport à leurs problèmes, que le concept de société civile a commencé à avoir un contenu plus ou moins précis chez beaucoup d'analystes de la question en Afrique.

Ces interrogations incitent à la prudence quant à la définition à donner à la société civile qui, d'un pays à un autre, peut renvoyer à des réalités différentes. Cependant, quoi qu'il en soit, la société civile apparaît toujours comme un ensemble, plus ou moins articulé, de volontés individuelles et collectives qui participent et s'impliquent dans la résolution des problèmes qui surgissent dans la communauté en hors de l'Etat et du Marché: les problèmes peuvent différer ainsi que les formes d'expression des volontés qui les prennent en charge, ces changements étant toujours historiquement déterminés.

Vu la diversité des acteurs qui la composent et par lesquels s'expriment ces volontés, la société civile apparaît, à un autre niveau, comme une catégorie qui peut être composée de tous les segments de la société en mouvement. De ce point de vue, elle est cette partie active de la société qui, après avoir délégué le pouvoir politique à l'Etat, a choisi d'évoluer en marge de celui-ci, en s'impliquant dans l'évolution sociale par des initiatives propres, des actions de contrôle et au besoin, de contestation des décisions institutionnelles. Indépendante organiquement de l'Etat, elle peut tantôt s'opposer à lui, tantôt lui servir d'appui, s'allier à lui, selon les intérêts qu'elle défend et la configuration des rapports de force du moment. Cependant, quelle que soit sa relation avec l'Etat qui est en place, sa vocation première est d'affirmer son autonomie et de s'affirmer comme un garde-fou contre l'arbitraire, l'injustice, de source institutionnelle et les dérivés dictatoriales qui guettent tout Etat. Ses acteurs doivent être capables d'influencer, dans le sens d'un plus grand respect des droits de l'homme et des peuples, les décisions des acteurs de la vie politique locale, régionale et nationale, voire même internationale.

Cependant, les particularités des caractéristiques psycho socioculturelles des citoyens et groupes sociaux de chaque pays font que la société civile, qui est leur mode d'expression autonome par rapport à l'Etat et à la famille, n'a pas forcément ni la même forme ni le même contenu d'un pays à un autre.

Au Cameroun, depuis une dizaine d'années, on assiste à l'émergence de conditions favorables au développement d'une société civile. En effet, à la faveur du pluralisme démocratique (accompagné d'une relative liberté d'expression et d'association), du désengagement de l'Etat (qui se retire de l'espace économique), de l'accroissement de la pauvreté (qui est une conséquence des politiques d'ajustement structurel et qui favorise des initiatives individuelles ou collectives de résolution des urgences sociales qui se posent), des individualités, des associations et des ONG de diverses natures ont proliféré dans le paysage national pour répondre à des besoins spécifiques qui sont non ou mal pris en compte par les structures déjà existantes.

Ainsi, le libéralisme politique d'un côté, et le libéralisme économique de l'autre, auxquels est venue récemment s'ajouter la décentralisation, ont favorisé un boom d'initiatives venant d'acteurs sociaux divers s'exprimant dans des cadres multiples dont l'objectif commun s'inscrit en définitive dans une logique de tentative par les populations, les citoyens et ceci en dehors du cadre étatique, de maîtrise des facteurs de tous ordres qui contribuent à la définition concrète des conditions d'existence et des devenirs individuels et collectifs au sein de la cité.

Avec le slogan *Moins d'Etat, mieux d'Etat*, apparu avec les programmes d'ajustement structurel, on a assisté à l'apparition et à la consolidation d'organisations locales de développement, pour prendre cet exemple : certaines sont nées en se dotant du statut de Groupement d'intérêt économique (GIE), d'Organisation non gouvernementale (ONG), etc. et d'autres, de type informel et traditionnel d'abord ont évolué par la suite vers des formes légales et plus structurées, tout ceci traduisent le besoin des populations de se doter des cadres associatif les plus appropriés selon le contexte socio politique du moment afin de mieux participer au changement social et d'occuper de nouveaux espaces d'expression. Ceux-ci ne concernent d'ailleurs plus seulement le domaine économique ou social car, de plus en plus, ils se déplacent aussi vers d'autres domaines comme celui de la communication et de la sensibilisation :

marches de protestation, déclarations de presse, diverses formes de lobbying, etc.

Dans le contexte camerounais, caractérisé par la massification de la pauvreté, l'analphabétisme, les divisions ethniques, les discriminations liées au sexe, etc., la société civile a, en fait, un combat global à mener. Celui-ci concerne tout autant la lutte pour la défense de la démocratie et des libertés que celle pour l'accès au travail, à la santé, à l'éducation, à l'eau, à l'électricité, au logement, au loisir, etc., ou contre l'exclusion et la discrimination sexuelle, religieuse ou ethnique. Elle joue donc un double rôle de régulation de l'Etat et de la société, les acteurs et les cadres organisationnels qui sont les moteurs de cette dynamique pouvant être très variés, mais aussi changer d'une période à une autre. Dans une société en mouvement où le processus de construction de la nouvelle citoyenneté vient à peine de commencer, la société civile doit s'exprimer tous azimuts, investir tous les domaines et y marquer sa présence active pour faire valoir la sensibilité des citoyens dans la définition des lois et règles devant régir ces domaines. Bref, la société civile doit accompagner le développement dans tous ses aspects.

Ce qui préoccupe apparemment la société civile, c'est la défense des intérêts des citoyens ; cette défense devant se faire par les citoyens eux-mêmes, quel que soit le régime politique qui est en place. De ce point de vue, la société civile apparaît aussi comme une entité qui concrètement, transcende tout parti et tout pouvoir politique ; ce qu'elle vise devant être de créer par divers mécanismes appropriés, les meilleures conditions possibles pour un développement humain harmonieux dans la cité. Une telle société civile - et il est primordial de le préciser - n'existe que parce qu'elle descend dans l'arène de la bataille pour le développement humain et s'exprime concrètement dans des objectifs socialement utiles qui fondent sa légitimité sociale dans la cité.

En ce qui concerne le contre-pouvoir il s'agit de la contestation des grandes décisions des politiques, des technocrates. De fait, ce sont les populations qui contestent les décisions et les initiatives qu'elles jugent souvent contraires à leurs propres aspirations. Enfin, quant à la capacité de pression, c'est la possibilité de faire prendre en considération les aspirations et intérêts populaires.

La notion de contrepouvoir renvoie, ici, à la capacité des populations à élaborer des propositions alternatives remplissant les mêmes conditions de rationalité que celles des technocrates de l'Etat auxquelles elles s'opposeraient, mais qui soient plus conformes à leurs attentes, et à les faire accepter des gouvernants grâce à leur forte mobilisation. Cette notion de contrepouvoir n'a évidemment de réalité que quand la capacité de pression qui se reflète dans la nature des ressources mobilisables à disposition et dans le pouvoir de les mettre en œuvre aux fins d'influencer les décisions des gouvernants est forte. Quant à la solidarité en réseau, qui n'est d'ailleurs pas toujours une réalité dans la mesure où des contradictions sont possibles entre différentes organisations de la société civile, elle pose cependant, la nécessité pour les acteurs de la société civile de transcender leurs divergences et différences qui procèdent de la diversité de leurs objectifs spécifiques, afin de pouvoir converger vers le même objectif « supérieur » qui est la défense de l'homme et de la justice sociale. C'est de cette convergence autour d'un système d'idéaux qui est une réalité à construire, que dépendent la force et la puissance de la société civile, c'est-à-dire sa capacité en tant que contrepouvoir à agir efficacement sur son environnement institutionnel dans le sens dicté par les idéaux et causes légitimes qu'elle défend.

Aujourd'hui, cependant cette société civile apparaît à bien des égards comme un monde pluriel avec ses réseaux visibles et invisibles, ses pratiques hétérogène et ses visions divergentes. Même l'apolitisme affiché qui semblait naguère être le principal dénominateur commun de ses diverses composantes s'écroule de plus en plus : des associations se réclamant de la société civile descendent dans l'arène politique non pas pour soutenir un parti politique, mais pour battre campagne pour leurs propres candidats choisis en leurs seins. Ce qui dénote déjà un certain changement chez les acteurs mêmes de la société civile anciennement cantonné dans des espaces hors politique, dans la perception qu'ils ont même de leurs propres rôles dans la société, laquelle, dans sa dynamique de changement et d'évolution, finit toujours par modifier, déplacer les enjeux sociaux des divers acteurs en compétition en son sein.

Les Réalités sur le terrain

La situation de la femme bamum n'est guère reluisante. Elle est largement défavorisée par l'idéologie patriarcale de la société monarchique bamum caractérisée par une subordination économique, juridique, sociale et psychologique de la femme par les adultes mâles. En fait, comme le souligne pertinemment Njoya, O (2004 :35),

« Elle n'avait pas la possibilité de prendre la parole en public. La prise de parole pour la femme bamum n'était possible que dans le cadre des contes, des chantefables ou des devinettes adressées à un public enfantin ou d'adolescents. La femme bamum traditionnelle était toujours à l'ombre du mari. C'était la femme propriété de l'homme et de sa famille dont elle subissait le totalitarisme ».[9]

Jusqu'en 1990, la femme bamum était marginalisée et souvent ignorée, et sa participation faisait rarement l'objet d'études statistiques détaillées permettant de quantifier leur contribution ou développement. Et pourtant, malgré les multiples discriminations dont elle est victime la femme bamum joue deux rôles fondamentaux dans la reproduction sociale. Elle est d'abord procréatrice et éducatrice de la famille. Elle se distingue ensuite aussi comme un agent économique.

Depuis la libéralisation de l'espace politique en Pays bamum, on note une présence active des femmes rurales et urbaines, surtout avec la mise en place de la fédération des associations pouakone unie (FPU). L'intérêt que nous portons à la FPU est consécutif au volet économique de ses activités et à son mode de financement interne qui accorde une grande place à la mobilisation de ressources internes : octroie des crédits à ses membres à partir des fonds propres recueillis grâce à la cotisation de tous les adhérents. La FPU est également digne d'intérêt en raison du fait qu'elle a inscrit sa lutte dans une dynamique d'intégration et de resocialisation du genre masculin aux fins de le responsabiliser davantage dans la lutte pour la redéfinition du statut de la femme. C'est pourquoi la FPU milite pour la promotion de la femme bamum dans un département où les préjugés dévalorisants sur la femme ainsi que les rôles de subordination qu'on lui assignait traditionnellement dans son rapport avec l'homme sont encore de mise.

Les entretiens avec les responsables des associations pouakone de la FPU et certains membres de ces structures sont porteurs de signification. La fédération des pouakone unie (GIC) vise la promotion économique, sociale et culturelle de la femme bamum. Dans ses zones d'intervention que sont les villes de Foumban, Foumbot, Douala, Maroua, ses activités sont axées autour de trois volets.

Le premier volet vise l'amélioration des conditions de vie des populations à partir d'un certain nombre de programmes :

Le programme de crédit et de mutuelle d'épargne qui consiste à la mise à la disposition des femmes de fonds pour mener des activités génératrices de revenus. Ce crédit est accordé sans intérêts et selon un membre influent, vice-présidente du pouakone de Douala, *« l'objectif est d'aider les femmes à créer de petits étalages de commerce »*.

Le programme de santé qui consiste en l'information et la sensibilisation sur le planning familial, les maladies sexuellement transmissibles et le SIDA surtout.

Le second volet des activités de la FPU vise à la promotion des droits de la femme. Dans ce volet, il s'agit de former les femmes pour une meilleure connaissance de leur droits, de les informer et de les assister en particulier, chaque fois que cela est nécessaire dans leurs démarches juridico-administratives. Pour l'exécution de ce volet, la FPU travaille en partenariat avec le réseau camerounais pour la défense des droits de l'homme.

La FPU a, pour se faire, mis en place un point d'écoute pour les femmes victimes des violences ou d'injustices de quelque nature que ce soit. Au besoin, elle suscite la mobilisation sociale et des actions de plaidoiries. Un acte probant de cette mobilisation sociale et d'action de plaidoirie est la marche de revendication de l'ouverture de la station de radio pouakone dans la ville de Foumban.

Au regard de tout ce qui précède, on peut dire que la FPU, par-delà la femme bamum, vise dans les actions qu'elle développe le changement du regard que la société bamum porte sur la femme, donc en fait, l'évolution du statut de celle-ci. Pour atteindre cet objectif, le changement de l'homme constitue une préoccupation de la FPU. Un autre membre, présidente de pouakone de Douala précise dans une interview :

« Les activités économiques qui visent le renforcement du pouvoir économique des femmes sont destinés aux femmes uniquement, alors que le volet accompagnement, c'est-à-dire l'information et la sensibilisation sur la situation des femmes, leur conscientisation pour susciter une plus grande confiance en elles, a pour cible les femmes et les hommes ».

Les principaux supports utilisés par la FPU sont des séminaires, le théâtre populaire et les causeries. C'est ainsi que pour le grand public, par exemple, des émissions sont animées par la Pouakone Radio et des thèmes relatifs aux droits des femmes, au renforcement de leurs capacités entrepreneuriales sont développés. En outre, elle organise des animations de rue et une série de conférences dans les quartiers et dans les foyers des lycées, entre autre lieux.

Pour la présidente d'honneur de la FPU :

« Le but est d'établir un dialogue permanent entre les hommes et les femmes au niveau de la famille, d'abord, et au niveau des organisations, ensuite. Cela, pour créer des espaces de communication en faveur des changements pour le bénéfice des hommes et des femmes. Par ce biais, les écarts pourront être

72

corrigés et plus de pouvoir sera ainsi donné à la communauté en tant que composante de la société ».

Globalement, les actions de la FPU, à travers les exemples donnés montre la diversité des fins que peut viser une organisation de la société civile conjuguée au féminin : les actions à but économique visant à améliorer, à moyen ou à long terme, les conditions d'existence des femmes ; des actions à but normatif visant le changement des attitudes et des conduites ; les actions à but formatif permettant à la femme bamum d'acquérir de nouvelles connaissances ou compétences ou pour renforcer celles qui existaient déjà. Les buts que visent ces actions répondent bien aux besoins de changement de la femme, tels qu'il s'exprime aujourd'hui. Si les buts peuvent variés, il en est de même aussi des formes dans lesquelles s'expriment les actions qui les portent : manifestations de rue, revendications démocratiques, animations. Certaines d'entre elles traduisent déjà un véritable changement du rapport de la femme bamum à la chose public et aux pouvoirs publics.

Conclusion

Cette étude a permis de montrer, à travers les associations féminines pouakone, le rôle que ces structures traditionnelles d'entraide jouent dans le changement social en Pays bamum. Culturellement, ces pratiques locales participent activement à la libération de la femme bamum des préjugés qui lui sont assignés traditionnellement dans son rapport avec l'homme. Economiquement, ces associations donnent une impulsion remarquable à l'économie du département du Noun et du Cameroun à travers des savoir-faire locaux tels que : l'artisanat, le tissage, la poterie…etc. Sur le front de la lutte politique, la fédération des pouakone unie, milite pour la promotion des droits de la femme bamum et la femme camerounaise surtout. Au regard de ses activités de lutte, pour le respect des libertés civiles et individuelles, la FPU constitue, aujourd'hui, une société civile en acte dans le Noun.

73

En mobilisant les femmes en vue d'organiser des actions tournées vers le développement, la FPU ouvre de nouvelles perspectives au développement local, à l'heure de la décentralisation tout en contribuant à réduire les inégalités sociales liées au sexe.

Références bibliographiques

Aristote. *La politique*. Paris : Puf, 1971.

Balandier, G., *Anthropologie politique*. Paris : PUF, 1995.

Chombart de Lauwe, Paul Henry, *La culture et le pouvoir, transformations sociales et expressions novatrices*. Paris : Harmattan, 1983.

Colas, D., *Sociologie politique*. Paris : PUF, 1994

Ela, Jean Marc. *Afrique : l'irruption des pauvres. Société contre Ingérence, Pouvoir et Argent*. Paris : Harmattan, 1994.
Quand l'Etat pénètre en brousse...Les ripostes paysannes à la crise. Paris : Karthala, 1990.

L'Afrique des villages. Paris : Karthala, 1982

Innovations sociales et renaissance de l'Afrique Noire. Les défis du « Monde d'en-bas ». Paris : Harmattan, 1983.

Gorjestani, N., *les savoirs au service du développement. Promesses et défis*. Washington. D.C : Editions de la Banque Mondiale, 1998.

Gueye, A., *Chine – Afrique. Le dragon et l'autruche*. Paris : Harmattan, 2007

Mama, A. *Etudes par les femmes et études sur les femmes en Afrique durant les années 1990*. Dakar : CODESRIA, Janvier 1997.

74

Hobbes, Th., *Léviathan*. Paris : Editions Sirey, 1983.

Locke, J., *Deux traités de gouvernement civil*. Paris : Puf, 1990.

Mbodj, G., *Corporéité et socialisation en milieu Wolof*. Thèse de doctorat d'Etat en sociologie à l'université de Toulouse 2 le Mirail (France), 1981.

Mendras, H., et Forse, M. *Le changement social*. Paris : Armand Colin, 1983.

Miklos, M., *La démocratie se lève à l'Est*. Paris : PUF, 1990

Ndione, E. *L'économie urbaine en Afrique. Le don et le recours*. Paris : Karthala – Enda Graf Sahel, 1994.

Njoya, O. *Manipulation idéologique du langage, Promotion de la culture démocratique et développement dans les sociétés de l'oralité en Afrique Noire. Le cas des Bamum du Cameroun*. Approche ethnolinguistique. Thèse de doctorat du 3ème cycle. Université Gaston Berger, Saint Louis. 2004.

Rousseau, J, J., *Le contrat social*. *Paris* : Payot, 1965.

Tardits, Cl., *Le Royaume Bamoun*. Paris : Armand Colins, 1980.

Tanh, L, *Culture, créativité et développement*. Paris : Harmattan, 1992.

Touraine, A. *Les sociétés dépendantes*. Bruxelles : Duculot, 1976.

Veauvy, C., *« Brèves remarques sur la société civile : usages, généalogies et filiations, interrogations »*, *Homme et société*, N°4, 1991.

Wolfensohn, J, D., Discours d'ouverture au séminaire organisé par la Banque Mondiale sur « *la Banque Mondiale, les savoirs et les savoir-faire locaux* ». Washington D. C, 1998.

4

Gender and Rural Economy in the Wimbum Society, Cameroon: Perceptions, Practices and the Land Question

William Tantoh Farnyu and Emmanuel Yenshu Vubo

Introduction

The social construction of gender roles has profound implications for the participation of women and men in the economy. This construction has led to gender inequality in economic structures, policies and forms of productive work. However women and men have considerable differences in access to and opportunities to exert power over economic structures in their societies. In most parts of the world women are virtually absent from or are poorly represented in economic decision-making levels. The actual development of these economic structures and policies has a direct impact on women and men's access to resources, economic power and consequently the extent of equality between them at the individual and family levels as well as in society as a whole.

Considering the fact that gender roles could differ from one society to another and over time, the social construction of differentiated gender roles has profound implications for women and men's relationship to sharing the world's resources (Omari, 1996). What people perceive is dependent on the way they order their experiences. Social perceptions of women and men are shaped by symbolic constructs of femininity and masculinity. People reinterpret what is seen according to these perceptions about what is important. Gender would be treated thus as a symbol invested with some meaning by the society in question. It is thus a matter of symbolic analysis and interpretation, a matter of relating such symbols to other cultural symbols and meanings on the one hand and to the forms of social life and experience on the other (Omari, ibid).

The concern of this paper is to explore the relationship between the perception of gender relations and economic activities in the Wimbum society. The study is structured to provide answers to the following questions: How do Wimbum people perceive gender relations? What is the relationship between the perception of gender relations and economic life in the Wimbum society and particularly as this relates to the land question?

According to Kabeer (1994) gender is a situation where people are born female or male but learn to be girls and boys who grow into women and men respectively. They are taught what the appropriate behaviour and attitudes, roles activities are for them, and how they should relate to other people. This learnt behaviour makes up gender identity and determines gender roles. Sexual characteristics can be determined in the womb at the moment of conception but gender identity evolves throughout childhood and during adulthood. As such, the construction of gender roles and relations is a permanent process. Omari (1996:16-17) holds that gender relations refer to part of female and male existence as creatures. People live and interact in one way or the other as females and males. Sometimes such relations are at inter-sexual level (relating to being male or female) while at other times they are at societal level. Whichever way, humans interact as social beings as they express some aspects of gender relations. The relations start at the family/household level before moving to the work place, the family being the smallest social unit that offers meaningful sociological interpretations of gender relations. The family/household unit comprises persons of both sexes, old and young with gender relations either as husbands and wives or kin group members in general. Agarwal (1994:51-52) on her part argues that gender relations refer to relations of power between women and men which relationships are revealed in a range of practices, ideas and representations including the division of labour, roles and resources between men and women and ascribing to them different abilities, attitudes, desires, personality traits and behavioural patterns.

78

According to Tanguiri (1968) a person's perception relates to processes by which people come to know, and think about other persons, their characteristics and inner states. We perceive or infer primary intentions, attitudes, emotions, ideas, abilities, purposes, traits, thoughts, perceptions, memories, consciousness and self-determination.

The literature on Cameroon indicates that, in some cultures, women are subjected to male authority while masculinity is considered as central to the decision-making process at family and community levels (Kaberry 1952; Berg 1995; Ntongho 1995; Nji 1999). Cultural perceptions that subject women to men include exchange of women, child care, sex and reproduction. It has also been reported that Cameroon's informal sector is predominantly female with most of the women working in the agricultural sector. As active agents of production, women are the principal producers of food crops (Nkwi 1987, Diduk 1987, Berg 1995, Ministry of Women's Affairs 2005, Chin 2006, Cameroon Gasbi Foundation 2007) Men on the other hand are the main actors in the production of cash crops (Bryson 1979; Diduk 1987; Sikod 2007). Cameroon's peasant cultivators and retailers of food are generally women (Kaberry 1952, Nkwi 1987, Niger-Thomas 1995, Nji 1999, Nana-Fabu 2006, Fonjong 2004, Awasom2005). The outcome of women's participation in the informal sector has both positive and negative outcomes. It has opened up avenues for female empowerment and innovation and has increased women's mobility.

In can be concluded that the existing literature on Cameroon as mentioned above concentrates on structured gender relations ignoring the role that mental processes and, in this case, perceptions can play on current practices relating to gender relations. The focus on the relations between structures and practices overlooks cultural ordering of relations which operates at the mental level. It is our argument that the mental processes play a mediating role between structures and practices. It is thus for this reason that we are going to examine the perception of gender relations and cultural practices in a rural community namely that of the Wimbum people of North West

Province of Cameroon. This will lead us to examine the relations of women to the land question.

This contribution is based on an exploratory study which set out to provide a general explanation of the relationship between the perception of gender relations and economic activities in the Wimbum society. The technique used in this case involved observation and interviewing of a variety of male and female adult informants in Ndu. In order to collect data on gender and the rural economy, we prepared a checklist and observation guide. Using the gender analysis framework (Overholt et al 1985) we collected information on three issues: an activity profile; an access profile and a control profile. In the activity profile we focused on what men and women (adults, children and elders) do as well as where and when these activities take place. Data was then gathered on women's and men's involvement in the economic life on their shared as well as unshared tasks, and on the degree of fixity of the gender division of labor. The access and control profile is concerned with who has what, indeed, who has access to and control of resources (land, equipment, labour, capital, credit, education training) and decision making. The particular interest in this paper will be on land although there are also references to other forms of values and resources. The profile was used to examine the extent to which women and men participate in the use and control of land.

Cultural Practices in the Domain of Gender Relations

The life of women in the Wimbum cosmology is shaped by the patriarchal, patrilineal and patrilocal nature of the social system. A woman's father or her husband or in their absence her son or distant male relative assumes responsibility for safe guarding her interests. After marriage, a woman moves to her husband's family acquiring with it a new status. In the case of divorce, the responsibility for protection goes back to her family.

Men are considered in the Wimbum society to be the leaders, decision makers, protectors. This gives them a higher status than that

80

of the women. Some families encourage girls to direct all their energies towards becoming submissive and subservient housekeepers.

With regard to education, the opportunity cost of sending daughters to school is considered to be higher than for sons by most poor families. Thus the education of girls is more likely than that of boys to be traded against survival needs.

The payment of bride price is one of the most important elements of all marriage transactions in the Wimbum culture. The significance of bride price lies in the fact that it guarantees the legitimacy of children born to the married couple. This bride price has in some families been influenced by the education and/or material or economic output of their daughter. On the day of this payment the suitor and the elders of his family as well as members of the bride's kin group assemble in the family head's house (that is of the would be wife) Besides the bride price (rkap) some money is also expected to be deposited with the eldest man or family head under a fireside pole (rchi) usually at the centre of a house. This is usually referred to as "mbah i njip mbuh rchi". Another significance of bride wealth is that it makes the woman feel and understand that she is legally bound to remain as her partner's wife throughout life. The man on his part understands that it is his responsibility to care for and retain her as long as they both live. A token compensation for school expenses may be paid only on a married woman who has an established paid job or likely to have one.

A wife is considered as an asset to the extended family of her husband, and is required that at the death of a husband, a male member in the family can take control of her interests including responsibilities that border on levirate. In a situation where a man does not carry out all the marriage transactions but collects his wife, there are bound to be problems. In this case, he will not have any claims to marriage benefits on his daughters and will not be given one of his son's as a 'bag holder' (nwe yashi bah). It's a pride in the Wimbum society for a man's bag to be carried along to wherever he is going by one of his sons. Biologically, such a person is recognized

81

only as genitor of his children but 'legally' he is treated as a 'he – goat'.

Age gives a woman a higher status in the community. As women advance in age, they gain higher status. These women are likely to become involved in decision making both at home and in the community. At an advanced age, old women in the absence of old men act single handedly or in collaboration with the young men in taking decisions at home or in the community.

Women have the responsibility of feeding their families with what they grow as farmers. They also do sell the surplus of their produce and do contribute to income of their households. Although women are achieving economic independence, the right to spend some of the money earned is still discussed with their husband or male heads of household. This is usually when a large amount of money is concerned.

The relation between the perception of gender relations and economic activities in the Wimbum Society

The sex stereotypes and gender segregation in economic activities and the allocation of roles in private and public life are primarily a product of the early socialization process and the impact of the social environment. The dominant gender ideology in the Wimbum society is patriarchy. The structure of the traditional patrilineal, patrilocal and patriarchal family or kinship group will consist of three categories of persons organized in a symmetrical manner:

- Members consisting of male person of direct descent or incorporated into the family (bollah lit.: members of homestead or ngaallah lit.: people of the compound). This will comprise adult and young male children alike. The system of property ownership and structure of power relations will be organized around this group. For instance one will have father – children relationships, heads of domestic units (tar 'la lit.: father of the homestead) by virtue of the fact that patriarchal units revolve around adult married men and lineage/clan heads (see Yenshu Vubo in this volume).

82

- The women or wives of the kin groups (mar 'la lit.: mother of the homestead). The woman when once married into a kin group is given certain privileges, which puts her in a complementary position vis-à-vis the men. This includes entitlements to land, decision making in the household especially in the management of the house and control of food. When advanced in age, they can take part in decision – making in collaboration with the men. When the men are not yet mature, they do so single-handedly.

In this way men and women constitute complementary poles within the structure of the kin group. However, women stand astride two kin groups: the kin group of origin and the kin group into which they are married. As daughters with their kin group they have the following privileges: rights to their family land they may inherit from their father through the unit that is headed by a mother in a polygynous family. In the same way, there are connections through sons to the kin group of their mothers (boomunjarr lit.: sister's children). The father and brother(s) of the mother are entrusted with the right to secure the interest of the children of their daughter or sister. The woman as a daughter has a status in her family and could always fall back when the need arises.

The transition in modern times has come along with some distortions:

- The shift from landed asset values to monetary values. Men tend to sell land and use money to purchase other items with a monetary value. In other words, there is an increasing tendency to convert landed assets into monetary or other values.

- The school system and the early stress on the male child. Through exclusion, avoidance and marginalization, the school system reflects, enforces and promotes society's low expectations of girls. For instance teachers hold negative attitudes about the academic potentials of female pupils/students and project the wider communities' gender biases into classrooms. When scarce resources require that parents must withhold education from some of their children, a disproportionate number of these children will be female. It is more often than not considered that investment in women is investment made in another family, as the girl child is somebody's future wife.

- Another distortion arising from transitions in modern times is the commoditization of land and the increasing tendencies to dispossess women of rights on land. This in effect means selling land, which is women's means of production. The women who are mostly affected by this are those around and within the urban area – NduTown. Most of these women affected are in need of farmland to feed their families and lack the money to afford for new and considerably more expensive land.

- The cash crop economy, which was intensive during the colonial era, emphasized a shift from food crop production to export production. Production changed from foodstuff sufficiency to cash oriented activities. Much effort on agricultural development in terms of inputs, research and training of human resource was focused on export crop production. The focus on the man's farms led to more emphasis on the commercialization of cash crops produced by men as against food crops produced by women. However, with the fall in the prices of cash crops in the world market, the value of food crops has risen and with it greater autonomy and economic power for women.

The Gender Factor in the occupation/distribution of land (space)

In the Wimbum society, land is a rare commodity for the women. Where women have access and control to land, it is either through their husbands or male kin. There is a scramble for land around the residential area. Women occupy small patches of land where they have small gardens with varieties of vegetables. The men occupy the land further away with eucalyptus trees, which have almost replaced coffee as the main cash crop. These trees are cultivated for both household consumption and sale. Besides the eucalyptus plantations, coffee farms mixed with plantains/bananas, kola nuts and other fruits can also be found. Coffee and kola nuts, traditional cash crops, are men's crops. Since land is scarce near the homes, women have in

84

some cases planted food crops in-between these cash crops in the tradition of multiple cropping. The men have extended their eucalyptus plantations to the hills. The men also occupy the hills where they graze animals. Most women's farms are found on the slopes and valleys. Both men and women occupy most marshy valleys. The men cultivate raffia palm and the women vegetables farms. Both men and women may own sugar cane farms.

Generally, men have their own piece of land and may grow the same crops as women or separate crops. Most of the farms owned by men are used for planting cash crops. Each person is mainly responsible for the farm task on their personal fields. Conversely they could also provide services on the farm plot of their spouses. For example, women help men in planting and weeding their fields, men help women clear their farms especially if land is virgin land. It is worth mentioning that there are variations based on a variety of factors: the age of the farm, the type of crop grown, the nature of crop grown (food or cash), availability of labour on hire, the purpose of production (household consumption or sale). Women in this area have traditionally fewer rights and fewer income opportunities than men, often because of patriarchal and conservative thinking, according to which the man is perceived as the main productive working force. Independently of how much women are active in agrarian production, their work is normally perceived poorly. However, access to land is not the only determining factor. Other conditions, such as production conditions, are also decisive for the successful use of the land and the ability to keep the land over time. This refers to the questions of the access to means of production, to education and technical assistance and to the market conditions under which the products can be sold.

Land issues are issues of power which is apparent not only in the unequal distribution of land between large commercial plantations and small farmers, but also in the inequities between men and women in terms of access

Increasing Land Disputes

Most land conflicts today centre on farmer-grazer disputes. This is more frequent today because land has become scarce with the increase in population which has also led to increase in the demand for land for both agriculture and cattle production. Most of the grazing land is usually near farms. With the influence of money, some of these areas around grazing fields have been assigned to grazers by local authorities. Women in such instances have always fought relentlessly to regain their land or to be allocated a different piece of land. Sometimes grazers move their cattle where they are not supposed to because of lack of pasture. In the course of doing this, the cattle encroach into the farmlands. Damage to farmland and crops has continued to be a big problem in the Wimbum society today. Since grazers are usually men the position of women at the forefront of any protest against grazers in the Wimbum community make of such conflicts veritable gender conflicts of a cross cultural and inter-ethnic nature. These conflicts also bring to a head two modes of production namely the pastoral and agrarian. In some cases the conflicts take on themselves class connotations as one would have, on the one hand, rich cattle owners or rich urban dwellers buying land and on the other, poor peasants (made up principally of women).

The alienation of land is also generating problems within the equilibrium of gender relations in the household. There was a situation where a man sold a plot/farmland without the consent of his wife; this led to a serious problem. This area was declared a proposed site for the construction of a market, and the demand for land around there was high. The husband of this woman sold the piece of land that his wife was farming. It was just when the wife was planning to start cultivating the land at the beginning of the farming season that she discovered that about half of the land had been occupied apparently with the intention of a house to be built on it. She wondered how and when this transaction had been made. She went back home and on asking, her husband told her he had sold this section of the plot in order to raise money to complete the children's school fees. The woman put up a resistance which was supported by his family which accused him of not consulting his wife before selling the land. The woman felt cheated and not recognized as part of the family. The situation was, however, redressed when the man pleaded with the wife pleaded for forgiveness.

Another situation where a woman's farm has been a bone of contention is when a man in a polygynous family took land belonging to one of his wives and gave it to the co-wife's son. The first wife had only one son while the second wife had eight sons. In order to please all his sons, the man wanted land so as to allocate to them. When he allocated some portion of his first wife's land to one of his sons (son of co-wife) this met with resistance from the second who argued that the land belongs to her and her children. It was only after a protracted resolution process that the matter was laid to rest.

Women have always been at the forefront of land disputes between neighbouring clans or villages in the Wimbum society, the central issue in these disputes always being the encroachment of women of the neighbouring villages. Cases of this nature are so rampant today and this has led to serious fighting involving heavy casualties.

Socio-economic and cultural hindrances to women's access to land are due to women's illiteracy ignorance and poverty. In fact, if we consider the present tendencies, the global rate of education is very low in the rural areas and decreasing in the urban. It is even lower for girls whose access to education is limited Moreover, modern land law has established the titling land as the sole means of acquiring land both in rural and in urban zones. The complexity of procedures, the rigidity of the conditions and the bureaucratic slow procedures constitute serious obstacles for the illiterate and ignorant woman.

In the Cameroonian society women are considered inferior to men. It is in this sense that one can understand women's exclusion from the different social decisions, since the priority is given to the men. Cameroon's mythology attributes a good place to the men-women relationships because they help them to explain some situations.

Generally speaking, Cameroon customs are more rigid towards women .They are marginalized to the benefit of men who are decision –makers even when these decisions directly concern women. When talking about land on a traditional or modern scale in Cameroon, one thinks of men in the front line. The women usually come into the limelight depending no more on customs but on the decision of individual families which try in a way to give the women some chance- to their sister or daughter. Women are disqualified from land management because of the division of labour that exists in the traditional society. The man is the producer of marketable crops such as coffee, cocoa, cotton and kola nuts. These are looked upon as providing revenue to the household .Whereas women specialize in food crops farming which is not considered prestigious farming. Though the women are excluded from land management, they are, however, allowed the right of use on their fathers, or spouses, lands. These rights of use however, remain precarious in the sense that women can lose them in the case of breaking of marital ties. In the Wimbum region, for example, the custom is strict as concern the land use. Once a woman has got married, she no longer has asses to the family land except she happens to break her marriage link. She can therefore be entitled to her father's land if the latter agrees. In this light women use the land for farming especially food crop farming. But when a woman embarks on cash crops, she more often than not becomes the owner of the plot. Women in this area can practice the right of use through: acquisition for sustainable use and for temporary use. For any long term use, traditional acquisition takes other forms which include donation, inheritance and succession.

References

Agarwal, B. (1994). *A Field of One's Own Gender and Land Rights in South Asia.Cambridge:*Cambridge University Press.

Awasom, Y.A. (2005).*Towards a Gendered Development Discourse in Africa: Visible Women, Invisible Men* .Draft Paper for the CODESRIA 11th General Assembly Maputo/Mozambique.

Bates, V. V., F. L. Denmark, V. Held, C. M. Somerville and S. R. Talk. (1995). *Women's Realities, Women's Choices: an Introduction to Women's Studies.* Oxford: Oxford University Press. (Hunter College Women's Studies Collection).

Brown, J.K. (1970). "Economic Organization and Position of Women among the Iroquois."*Ethnohistory, vol.* 17 No 3/4: 151-167.

Bryson, J.C. (1979). *Women and Economic Development in Cameroon.* Yaounde. USAID

Cameroon Gatsby Foundation (2007) "Helping PEOPLE Who Help Themselves" Gatsby Foundation

Chin, G .C. (2006).*Women Fighting Poverty in Cameroon:* A Legal Perspective. .American University, Bepress Legal Series.

De Beauvoir, S. (1953). *The Second Sex* .New York. Everyman's Library.

Diduk, S. (1989). Women's Agricultural Production and Political Action in the Cameroon Grassfields." *Africa*, vol. 59

Fonjong, L. (2004*).* 'Challenges and Coping Strategies of Women Food Crops

Entrepreneurs in Fako Division" *Journal of International Women's Studies, Vol. 5, No 5, 2004, pp 1-8*

Hays, H.R. (1964).*The Dangerous Sex* New York. Putnam's Sons.

Kaberry, P. (1952). *Women of the Grassfields. A study of women in Bamenda, British Cameroons.* London: HMSO Colonial Publications. No 14.

Kabeer, N. (1994). *Reversed Realities. Gender Hierarchies in Development Thought.* London: Verso.

Ministry of Women's Affairs (2005/2006).An Analysis of the Economic Status of Women. Yaoundé.

Nana-Fabu S. (2006). "An Analysis of the Economic Status of Women in Cameroon" *The Journal of International Women's Studies, vol. 8 No 1, pp 153-167*

Niger-Thomas, M. (1995). "Regionalism for Self-Help. The Case of Manyu Women in a Changing Society" in Nkwi, P.N. and Nyamnjoh, F. B. (eds) (1995). *Regional Balance and National Integration in Cameroon. Lessons Learned and Uncertain Future.* Yaoundé: ICASSRT, pp. 323-332

Niger-Thomas, M. "Women and the Art of Smuggling" *African Studies Review.* Vol. 44, No.2, 2001, pp. 44-70.

Nji, A. (1999). "Socio-Cultural Determinants of the Status of the Cameroon Woman: Implications for the Family in the 21st Century." in Nkwi. P. N. (ed). (2000). *The Anthropology of Africa: Challenges for the 21st Century.* Yaounde: ICASSRT.

Nkwi, P.N. (1987)."The Changing Role of Women and Their Contributions to Domestic Economy in Cameroon." (In) Parkin,

David and Nyamwaya, David (eds.). Transformations of African Marriage. Manchester, Manchester University Press, pp. 307-322.

Ntongho, A. R. M. (1995). "Decision-Making, Accessibility to Resources and National Integration of Women in Cameroon".in Nkwi, P. N. and Nyamnjoh, F. B. (eds) (1995). *Regional Balance and National Integration, in Cameroon. Lessons Learned and the Uncertain Future.* Yaoundé. ICASSRT. pp. 157-163.

Omari, C.K.I (1996). "Conceptualizing Gender Relations", in Mbilinyi, D.A. and Omari, C.K. (eds), (1996*). Gender Relations and Women's Images in the Media.* Dar as Salaam University Press, pp. 16-31.

Ortner, S. B. (1974). "Is Female to Male as Nature is to Culture?" in Rosaldo, M. L. and Lamphere, L. (eds) (1974). *Women, Culture and Society.* Stanford: Stanford University, pp. 67-88

Overholt, C., M B. Anderson, K. Cloud, and J. E. Austin. 1965. *Gender Roles in Development Projects: A Case Book.* West Hartford: Kumarian Press.

Rademacher, A. , Kai, S.R, Sara Koch-Sclutte and Deepa, N. (1999). *Can Anyone Hear Us? Voices from 47 Countries.* Poverty Group, PREM World Bank.

Sheppard, D.C. (1989) "Organizational Roles and Status, in Hearn, J. Deborah, L. Sheppard, Peta Tanwed S. and Gibson Burrell. (1989). *The Sexuality of Organizations.* London: SAGE Publications, pp. 1-224

Sikod, F. (2007), "Gender Division of Labour and Women's Decision-Making Power in Rural Households in Cameroon." *Africa Development, vol.32, No. 3, pp. 58-71.*

Simo, J. A. (1992). *Gender, Agro-Pastoral Production and Class Formation in Bamunka, North Western Cameroon.* PhD. Thesis, University of East Anglia, Norwich School of Development Studies.

Tangurri, R. "Person Perception" (1968).in Lils, D. (ed) *International Encyclopedia of Social Science. New York: The Macmillan Company and the Free Press, New York. Vol. No. 15 (1980).*

Van Berg, A. (1995). "Women Between Chiefs and the Law: Competition for Power and Land in North Cameroon" Nkwi, P. N. and Nyamnjoh, F. B. (eds) (1995). *Regional Balance and National Integration in Cameroon. Lessons learned and the Uncertain* Future. Yaounde: ICASSRT, pp. 164-177.

William, J. H. (1983). *Psychology of Women. Behaviour in Biosocial Context.* London: WW Norton and Company.

Yenshu, E. (1998). "The African Woman and the Development Crisis. An Appraisal of the present changes, Constraints on Empowerment and Prospects for the Future" in Simo D. (1998).*La Politique de Développement à la Croisée des Chemins. Le Facteur Culture* Yaounde: Editions CLE, pp. 111- 122.

5

Female Inheritance between Customary Law and Modern Jurisprudence: the Case of Cameroon

Temngah Joseph Nyambo [12]

Introduction

A combination of received European laws and local customary laws regulate aspects of life in contemporary in contemporary African communities. The indigenous customary laws already existing at the time of reception of European laws have persisted outside the scope of state institutions. These include elaborated bodies of social norms and traditional prescriptions. The contact with the modern legal system has however resulted in acculturation on the part of the former with little adaptation on the part of the received laws [13]. Law is thus considered as a culture from this point of view. Many African countries have legal systems embracing several types of law. Often non-adaptation has led to cracks due to social change. Such conflicting attitudes in a society often make it difficult to assess succinctly the position of women.

---

[12]This paper was originally prepared as part of a book project on Cameroon's cultures initiated by the editor of this collective work, which project never fully materialized. The current publication benefits from substantial editing. We hope that, by publishing this paper, we will be giving posthumous honours to a scholar who died so young and early into his career.
[13] Gordon R. Woodman, "Accommodation between Legal cultures: The Global encounters the Local in Ghanaian Land Law", *Recht in Afrika, Vol.* 1, 2001:57-70.

Cameroon is one African country that has a mixed system of laws[14]. Properly put in context, the source of Cameroon's laws consists of received law (British, French) and local law (customary law and laws passed by the local legislative organ). Therefore, the rules governing inheritance are contained in various legislative or jurisprudential instruments or codes of the civil law (Romano–Germanic or the Continental system), case law in the Common Law tradition and customary law. Inheritance is not an easy process in Cameroon in particular and Africa in general. Although western and western inspired laws exists governing inheritance, it is often a subject shrouded in mystery for both men and women. The matter becomes more complicated for women who are considered as part and parcel of a man's estate[15]. In the case under consideration, Cameroon's inheritance law is usually a juxtaposition of customary and written law. For instance it is a requirement that before the grants of probate, the applicant must have obtained a hereditary judgment from the competent customary court before forwarding it to the Probate Division of the High Court competent within whose jurisdiction the matter falls. The judgment itself is conditioned upon presenting minutes of family meetings during which the applicant was designated[16].

---

[14]The dual heritage consists of the English Common Law and the continental system (Romano-Germanic in character) and local or religious practices. Muslim law based on the holy Koran was assimilated as custom by the terms of the Southern Cameroons High Court Law of 1955.

[15]See J. Temngah, *The Right of Widowhood in former West Cameroon. The case of Fungom Area*, Master's degree thesis, Faculty of Laws and Economics, University of Yaoundé, 1990, p.53.

[16]I.N. Asanga, "Rethinking Female Succession in Cameroon: The Decline of Customary Law?" *Recht in Afrika*, Issue 2, 2004:121-132); Temngah, J. supra, p.55-58; F. Butegwa, "Women's Legal Right to Access to Agricultural Resources in Africa: A Preliminary Inquiry", *Third World Legal Studies*, Vol. 10, Issue 1, 1991, p. 44-57.

Inheritance in Cameroon is still largely governed by customary law which is highly discriminatory against women. This is the focus of our discussion. Cameroon has more than 250 ethno-linguistic groups (Breton and Dieu 1983; Lewis 2009), each applying and enforcing its own native laws and customs in matters of inheritance. If we agree that customary law consists of rules governing the conduct of members of a given ethnic group or people, then we can hold that there is a multiplicity of rules of inheritance varying from one ethnic group to another. In this case, we find a further complication in the task of inheritance in Cameroon. In the case of inter-tribal marriages, many customs come into play, and it would be interesting to know which custom applies in that case. However, according to the High Court Law of former Southern Cameroons, the High court is only directed to observe and enforce the observance of every native law and custom which is neither repugnant to natural justice, equity and good conscience, nor incompatible either directly or by natural implication with any law for the time being in force. The proviso in this clause is that nothing in the latter system of laws shall deprive any person of the benefit of native law or custom[17.] This implies that customary law is determined by expert evidence. However there is authority for this proposition that where a custom cannot be established as judicially established and adopted as part of the law governing particular circumstances by calling evidence to show that persons or the class of persons in the particular area regard the alleged custom as binding upon them[18].

In deciding questions of active law and customs the opinion of chiefs or other person having special knowledge of native law and custom and any book or manuscript recognized by the natives as a legal authority are relevant. Social mechanisms of control such as fear of social disenfranchisement, the fear of being ostracized, the fear being considered an outcast in their own community, the fear of being avoided by both men and women and the fear of being treated

---

[17] S. 27(1) Southern Cameroon High Court Law (SCHCL), 1955.
[18]Section 14(3) of the Evidence Act.

as a social scandal are at the background of recourse to traditional enforcement of laws guaranteeing inheritance rights (family gatherings, and chiefs). Within this context the woman or girl has a very little role to play if at all she has one. Since it is difficult for women to stand up for their rights, social sanctions are often cruel in their impact on the woman and her immediate family. The enforcement process is so organized in a manner to scare the woman from making an attempt of inheriting any property, be it that of the father or the later husband in the case of a widow. A number of discriminatory practices will constitute the core of our discussion. These are sex-based discrimination, cultural and religious obstacles, the structure of organs of governance, women's land ownership rights. This will be followed by a discussion of the issue of female inheritance from the point of view of the evolving concept of culture and its comparative international perspective. This will lead us to make proposals for reform.

Forms of Discrimination

Sex-Based Discrimination

Sex based differential treatment derives mainly from the arbitrary and culturally prescribed division of male and female roles that exists throughout the world[19]. While the specific tasks and responsibilities expected of the two sexes may differ from culture to culture, the existence and perpetuation of distinct sex roles as dictated mostly by men have characteristically resulted in male dominated societies[20]. This gender differentiation is evident from the moment of birth when the child is just identified as a male or female, especially in the patriarchal societies where the birth of a son is a particular cause for

---

[19]I. Okagbue, *Women's Rights are Human Rights*, Nigerian Institute of Advanced Legal Studies, 1996, p. 3.

[20]M. S. McDougal, H. D. Lasswell and L. Chen, "Human Rights for Women and World Public Order. The Outlawing of Sex-based discrimination", American *Journal of International Law*, Vol. 497, 1975, pp. 498-500.

celebration. In the absence of sons, the birth of a girl child is oftentimes a cause for lamentation[21].

From the moment the girl child is born, she is considered as property of some other person who will collect her by way of marriage. Even when she is married the husband does not consider her as his permanent property for she can run away or divorce him to get married to another man or remarry after his death. This stereotype image of the female attached to the aberrant perception of her as an object and not a subject in any given family is the general customary justification for the fact that a woman cannot inherit family property. Thus, the fact of marriage is used in these cultures to exclude the woman from the enjoyment of the family right to inherit.

In most parts of the North West Province of Cameroon, women are unfit for the status of next-of-kin or heiresses to their parents. This further makes her unfit to be the heir to a deceased man who would have exclusive powers and rights over family property and authority over members of that lineage. In general, it is believed that a woman is property and so property cannot own property. This justifies the claim that even when the husband dies, his brothers would want to inherit her alongside other property. If she so refuses to be inherited by the deceased brother or other persons, she is often molested, thrown out of the matrimonial home and dis-inherited of all the deceased husband's property such as farmland and a dwelling home.

This customary law position of refusing inheritance rights to women was upheld and classified by modern law courts when, in the case of Achu v. Achu[22], Justice Inglis stated that:

[...] customary law does not countenance the sharing of property, especially landed property, between husband and wife on divorce. The wife is still regarded as part of her husband's property...

---

[21]Supra, a 7.

[22] Appeal No. BcA/62/86 (unreported).

In the Bonjongo customary court sitting in the matter of Eko v. Serah Imbole Ngoma[23] it was held that the woman was an object of inheritance upon the death of her husband[24]. These practices are highly discriminatory and harmful to the woman. Though the customs are to be sanctioned by modern courts applying unwritten law on the basis of the repugnancy-incompatibility clauses of S.27(1) of the SCHCL, 1955, women dare not challenge the decision of traditional juridico-administrative and social institutions of their communities. Those who dare may face undesirable consequences through witchcraft and other magical-religious practices that may lead to the woman falling sick and/or dying. Such practices could also be directed against her most loved ones[25]. In African societies, customary law consists of exoteric laws: those known by every person in the group and esoteric laws – always more or less secret. It is secret law which is intimately involved with religion, divination, sorcery, witchcraft involving procedures in administering ordeals and the regulation of conflict with the use of magic[26]. In most of the cases, ignorance of the law is another fact that leaves the woman vulnerable. The customary court judgment is subject to appeal but each time the customary court rules, the woman takes that as final except for those who do not proceed to appeal for fear of being persecuted for daring to challenge the well settled and established

---

[23]Suit No. 28/86-87 C.R. Bk. 1/86-87.

[24] Christian Taboti V. Mbiekwe Kiembo, Appeal No. BcA/61/86 (unreported); Japhet Nchanji v. Tanto Gwei Appeal No. BcA/11/85 (unreported).

[25]Among the Momo and Nwa peoples of the North West Province it is often said that a person one can win a case in court but that person cannot enforce and enjoy rights back in the community: if he/she is not killed, his/her children will all die or the property will be desecrated as a means of devaluing it. *Women Inheritance and Management of Land in Cameroon* ...supra p. 30.

[26] J. Poirier, "L'Analyse des Espèces juridiques et l'Étude des Droits coutumiers africains", in M. Gluckman (ed.), *Ideas and Procedures in African Customary Law*, Oxford, Oxford University Press, 1969, pp. 97-109.

98

practices of a people. In the case of Agbortar and Oben v. Chief Bessong[27] Endeley, J. pointed out that the custom that every chief in his state rules through a traditional council is so notorious that this court is bound to take judicial notice of it[28].

Cultural and Religious Obstacles

There is usually a clash between cultural and religious concerns. Women's issues of inheritance can be considered from the point of view of the social, religious and cultural practices and the beliefs that prevail in a given community. In Cameroon the constitution allows for freedom of religion thus making it a secular state. A juxtaposition of customary and religious practices complicates the inheritance drive of women. The diversity of local cultures and accompanying values makes it difficult to generalise about the situation of Cameroon. What may be considered as a refusal of inheritance rights to a woman in one group may not be considered as such in one another.

The African charter in Human and people's Rights (1986) alludes to the promotion and protection of morals and traditional values recognized by the community[29] thereby ignoring the fact some of these value embody elements of oppressive and discriminatory against women. Article 18(2) of the same charter mandates the state to assist the family which is the custodian of morals and traditional values recognized by the community.

A report of the minority Rights Group on women in Sub-Saharan African[30] indicated that under most systems of customary law is Africa, a woman whose marriage came to an end through death or divorce returned to her own lineage and acquired land use rights there through which she could maintain herself. With the adoption of the foreign concept of individual ownership of land, consequent

---

[27] 1968 WCLR 43

[28] J. Temngah, "Customary Law, Women's Rights and Traditional Courts in Cameroon", *Revue générale de Droit*, Vol. 27, 1996, p. 354.

[29] Preambular 8, article 2 and 18 (3).

[30] No. 77, 1988.

upon colonization and the introduction of land registration schemes, women have increasingly lost their customary land use rights and access to the means of subsistence. Coupled with the breakdown in the extended family system, women denied financial provisions from the property of their husbands on death or divorce are now vulnerable[31]. As remarked there is such marked ignorance due to the high rate of illiteracy and also that a majority of those concerned live in the rural areas. Lack of education is not limited to formal education but all forms of education and socialization that should lead to women's empowerment. Lack of education perpetuates the myth that a woman's equality with men threatens her family, friends, fellow citizens or other religious believers. Education should therefore be developed in such a way that will make it more difficult for women to be manipulated, exploited and abused or more difficult to making it also harder to perpetuate the traditional subservient role of women. Education of people is a difficult process. The process must take into consideration the priorities values and concepts such as their cultural and religious heritage and their role as teachers' and nurturers of mankind.

The need for a legal infrastructure or framework that actually guarantees women's rights of inheritance and rights to manage their own business and the opportunity to business are still issues of concern and debate in Cameroon. Lack of or weak enforcement organs is usually in the hands of men and they usually persist in using religion and culture as an excuse for reinstating a subordinate status for women.

The Organisational Structure of Governance

Traditional society

Some of the myopia on the rights of inheritance in Cameroon stems from the overwhelmingly male composition of the structure of the traditional organs of governance. The primary actors in the

---

[31] I. Okagbuesupra pp. 15-16.

organs of traditional governance are dominated by men. Women are completely invisible in these structures. In the Western Grassfields for example, the main structure of governance is the associative governing council (known variously as *ngumba* or *kwifor*) which is essentially a male society and predominantly composed of members of the different lineage groups of each community or ethnic group. Women on their part are left with basically social welfare issues such as caring over the family, taking care of the home, education and health of children, subsistence agriculture, etc.[32]. Under such arrangements, the presence of women in decision making bodies is nil.

State Level

Under the modern democratic imposed Western system, women occupy a very minimal position in the executive, legislative and the judiciary. In Cameroon, within the executive organ of the state, women occupy offices confined to traditional feminine spheres[33].

International Level

At the international level, governance is assured by the United Nations Organisation and its specialized organs. Since international organizations are composed of states acting collectively to achieve their objectives, women are relegated to the same insignificant and insubordinate roles in the UN and all its other structure in the same manner as the domestic level. This dominance is justified by the fact that women have a very low representation in the governments of their home countries. Article 8 of the UN charter guarantees the

---

[32] J. Temngah, supra, pp. 31-37.

[33] The Ministries of Social Affairs and Women Empowerment & the Family. Until Decree No. 2006/231 of 17 July 2006 named two women, Mme Mbarga Owono nee Mbo Meye Claudine and Mme Zinga Mbassi nee Omgba Catherine as civil authorities within territorial command units, no woman had occupied any position within the civil administration command structure.

101

eligibility of men and women to participate in any capacity in any principal or subsidiary organ. This charter provision is yet to be fully implemented. The imbalance in the staffing of UN remains a matter of concern and debate within international bodies. Except within the committee of the convention on the elimination of discrimination against women (CEDAW) which is entirely feminine, all other major organs at the international level are place by men.

Women's Land Ownership Rights

Specifically, ownership of land remains problematic. The Cameroon woman has made tremendous contributions to the overall economic growth of the country through their exclusive participation in the agricultural sector and other sectors. However, a close look at the operation of the country's laws, government policies and directives, particularly in sectors where women are highly represented such as in the agricultural sector, reveals a high degree of marginalization, neglect and outright discrimination of women in the distribution of economic resources.

Currently, women represent more than half of the total population of Cameroon and consequently, more than half of the population of those who exploit land for various purposes. Unfortunately, they represent less than 12.5% of those who actually own land; the percentage of urban women is far above that of rural women who at the same time constitute the majority of those exploiting land[34]. The need for more effective participation by women in the agricultural sector and their incorporation into the development process has been recognized. However, government intervention though land registration and the formulation of policies intended to protect women's access to land have not been successful in correcting the existing sexual inequalities in access to and ownership of land.

---

[34]supra note 10

102

In the absence of harmonized laws, Cameroon's legislation governing the land question are outdated, incomplete, ambiguous or inapplicable. Customs in most parts of Cameroon forbid women from inheriting and even owning land. The enactment of appropriate legislation determining joint and equitable rules of access to and ownership of land should have been government's top priority. Unfortunately, this has not been the case. Women's economic well-being in our communities has largely depended on their rights in marriage, divorce and inheritance and their rights to land ownership as an instrument of social transformation is highly neglected.

Many reasons have been advanced to explain the existing gender inequality in the control and management of land. During the colonial period patriarchal African males collaborated with biased colonial authorities to whittle away and erode women's legal rights to land. This process was done through incorporation of African customary laws that favoured males into the new body of laws, the result of which was the emergence of a new sexist colonial law[35].

An examination therefore of women's rights in Cameroon in particular and Africa in general reveals a degree of inequality being reinforced by custom and culture. Capitalism, colonialism, neo-colonialism and the prevailing macro-social global inequality have institutionalized sexual inequalities. The colonial legacy of sexist laws and the social stratification of served to elaborate to create substantial legal, socio-economic and political inequalities between the sexes, which have manifested themselves in inequitable land tenure relations[36].

African customary land tenure is intrinsically connected with other socio-economic cultural and religious aspects of African way of life. Traditionally, land and religion were connected to each other as was the inhabitant and the soil. It is for this reason that under

---

[35] Jane Parpart, "Women's Rights and the Lagos plan of Action", *Human Rights Quarterly*, Vol. 180, 1986.

[36] Perpetua W. Karaja, "Women's land Ownership Rights in Kenya", in supra note 3.

customary land tenure, land first belonged to the dead, the living and to posterity, and access to it was ensured for everyone. It was held and used on a family, lineage or clan basis and held members of a particular clan together through the male line of inheritance[37].

In a typical Grassfields society, the land owning unit is the lineage. The lineage consists of a group of people tracing their descent from a common ancestor. The land owned by this group was acquired by the founder through occupation or purchase. Upon the death of the founder who was the titular head ownership immediately passed jointly and exclusively through the male line. Thus, a (the eldest son in some cases) of the founder succeeded him as the titular head – a kind of trustee. He kept control over the land and had the responsibility of allocation of vacant land to other males of the group. Besides land allocated to them, these males were entitled to inherit their respective fathers' portions of land. This eventually led to patchwork of independent family land holdings to which the allotees had perpetual rights of ownership to the exclusion of all others.

The Evolving Concept of Culture

We have sufficiently demonstrated that women's access to land is closely defined by kinship and marriage ties and is largely dependent on marital status. Land is therefore central in defining women's identity and social status. This situation has not remained static. Post-colonial African governments thus concerned at the domestic level with such matters as class structure, familial ideologies, management of bodies and sexualities. The criminality of the colonizer was a concern but it certainly came later than and was a competitor to the brutality of the indigenous oppressors. In some countries the oppression of the woman predates colonialism and imperialism

---

[37]C.K. Meek, *Land Tenure and land Administration in Nigeria and the Cameroon*, H.M. S.O, 1957, p. 128.

alone[38]. This must be explanation for the unparalleled upheaval in the family law system of Third world countries. Legal norms and institutions which had been relatively undisturbed for centuries have been discarded or radically challenged by women. Since 1975, national, regional and international mechanisms have been set up to ensure greater consideration for women in the development process. In Cameroon as indicated above, the man is the head of the African family and he owes to his wife protection and the wife to him obedience. The dominance of men in socio-economic and political groups places the woman in a dependent position. Today, following the equality classes in the constitution of African countries and after their participation in all the United Nations world conferences on women (Mexico 1975, Copenhagen 1980, Nairobi 1985, and Beijing 1995), there has been an awakening of authorities within the African countries.

The ratification of various legal instruments pertaining to rights such as:

- The UN charter (1945)
- The UNDHR (1948)
- The ICCPR (1966)
- The ICESCR (1966)
- The CEDAW (1981)
- The ACHPR (1986).

There is also reference to women being joint managers of the African society. Culture, from this perspective can be said to be evolving and one is tempted to ask the question as to which patterns of behaviour were accepted as legitimate. Customary law is part of the political history of the colonial period and which patterns of behaviour are now put forward as representative of custom is

---

[38] B.Rajogopal, *Locating the Third world in Cultural Geography: Third World Legal Studies*, Vol. 15, 2000, p.15.

likewise a matter of current politics[39]. An approach that is willing to engage the politics of culture demand that we go behind every assertion of custom to examine the power relationships behind it. It should lead us to ask questions such as the following. What historical circumstances have led to the formation of the category we have now come to know as African customary law? Who has had a say in deciding what gets to termed customary law? What alternative views were or have been omitted in arriving at the prevailing idea of what is customary? What use is made of customary law at any given historical moment, for instance in setting up structures of local government in the practices of courts, in constitutional jurisprudence or in local and national politics?[40]

Various writings in legal anthropology and in legal history have examined these questions in discussing customary law in the context of other African countries. These writings can be summed up in three categories. First, some writings employ a Marxist inspired class analysis of the instrumental and ideological use of customary law, which allows the narrow interests of a particular class to be presented as the general interests of a community[41].

---

[39] M. Chanock, "Neither Customary nor Legal: African Customary Law in an Era of Family Law Reform", *International Journal of Law and Family*, Vol. 3, No. 1, 1989, pp. 72-88.

[40] Celestine Ihumbi Nyamu, "Achieving Gender Equality in a Plural Legal Context: Custom and Women's Access to and Control of Land in Kenya", in Third World Legal Studies Association (ed.) *Postcolonialism, Globalization and Law*, New York, Third World Legal Studies Association and Valpraiso University School of Law, 2000, pp. 56-57.

[41] Francis Snyder, *Capitalism and Legal Change: An African Transformation*, New York, Academic Press, 1981; "Colonialism and Legal Form: The Creation of 'Customary Law' in Senegal" *Journal of Legal Pluralism and Unofficial Law*, Vol. 19, 1981, pp. 49-90. These writings seek to make a direct link between the production of customary law, and the "subordination of African social formations to capitalist nations" (ibid).

106

Secondly, there are approaches that avoid a Marxist analysis but, nonetheless, employ power relations and hierarchy as the lens through which they analyse the making of customary law. In particular, they take issue with the tendency to portray customary law (or indigenous institution generally) as egalitarian and harmonious and point out that these are expressive not simple of communal life but of a way of maintaining order and relations of power[42]. Customary law is one among the resources used in struggles over property, labour, power and authority[43].

The third category of writings are those that acknowledge power asymmetries in the making and operations of customary law but do not see this as the whole story. For example the protection of a particular group's interests is not the only factor in explaining the presentation of customary law as rigid and unchanging. Rather, customary law is analysed as part of a process of regularization or reconciliation between ideology (the way in which a community presents itself) and social reality. These are processes of producing seemingly durable customs, rules, symbols and categories that in reality serve to mask the indeterminacy and the changing nature of social reality, the articulation of customary law in rigid and precise terms versus variation and conflict on the ground. This process takes place not only at the level of interpersonal relationships but also in broader political contexts[44]. Local case law as well as cases from some Commonwealth will be used to illustrate the trend in the evolutive process of law practices in shaping or (re) defining the right of the female to inheritance.

---

[42] Martin Chanock, supra p. 74; Mahmoud Mamdani, *Citizens and Subjects: contemporary Africa and the legacy of late colonialism*, Princeton, Princeton University Press, 1996.

[43] Supra note 30.

[44] Falk Moore, *Law as Process: An Anthropological Approach*, London, Routeledge and Kegan Paul, 1975.

In the case of Zamcho Florence Lum v. Chibikom Peter Fru and others [45] the appellant obtained letters of Administration from the Mezam High Court in 1986 as widow. The deceased's brothers, dissatisfied with the grant appealed and the Bamenda Court of Appeal revoked the letters of Administration on grounds that under native law and custom, a woman can neither inherit her father's property nor that of her deceased husband. She appealed to the Supreme Court and the court found for her (BCA/9/90 of 24 September 1990; CASWP/17/93. In another interesting case[46], the respondent was declared next of kin to her father's estate was opposed to her paternal uncle by the customary court. Upon being challenged, the Court of Appeal following Zamcho (supra) upheld the customary court judgment granting rights of inheritance to the female. In the case of Emmanuel K. Mundi v. Regina Elizabeth Mundi (foot note absent) the plaintiff had been declared joint next of kin over the estate of late Hosea Abongu Mundi by the Tubah customary court. Dissatisfied the plaintiff, brother of the deceased sought to exclude the widow and the appealed. The BCA excluded the brother-in-law and declared her the rightful next of kin with the right to inherit her husband's property. (Add Moja's case also in RGD 1996)

Another local case is that of Catherine Makebe Joke v. Chambo nee Wongibe Rose Mary Bamila[47] that concerned a case of a widow's rights to inheritance. In this case, the battle was between two women, the widow and her sister in-law who was praying the court to grant the letters of administration to her. The court did not grant the latter her prayer but ordered her to assist the widow in the running of her deceased husband's business. Dissatisfied, she appealed and the widow also cross-appealed on grounds that the sister in-law was not a co-administrator and so could not be ordered to help her in running the husband's business. The widow succeeded as the Bamenda Court

[45]SC judge me. 14/L of 14 February 1993.
[46]BCA/8CC/97 Keyaka Francis v. Taah Regina – 1999.
[47] BCA/10/200) – HCB/PD/CA/46m

of Appeal invoked received law[48] and constitutional provisions prohibiting discrimination based on sex.

In Fomara Regina Akwa v. Fomara Aenny Nche[49] the Bamenda Court of Appeal ruled that the custom that a marriage according to customary law makes the woman the property of the husband's estate is repugnant to natural justice and equity. The court proceeded in alluding to Article 1 of the united Declaration of Human Rights (1948) to emphasise the equality of the sexes. In the South West court of Appeal[50] the court in Noumbissie nee Wanji Mary v. Nganjui John Justice A.K. Nana delivering the unanimous judgment of the court proceeded to revoke letters of Administration that had been granted the respondent.

We will further illustrate our thesis with case law from Nigeria, South Africa and Zimbabwe.

Nigeria

In Nigeria, the courts appear to hold that men and women have equal inheritance rights and that, even under ethnic customary laws, a woman can become a head of the family. In the case of Akonde v. Oyenole[51] it was held that under customary law, a female family member has the right to inherit family land and bequeath it to her children. Again, in Amusan v. Olamnumi[52], the Court of Appeal held that under Yomba customary law, both male and female children of a deceased have equal rights to inherit. The trial court had ruled in favour of respondents on grounds that under Yomba tradition women cannot inherit. In Yomba customary law when a person dies intestate and is survived by children, male and female children have equal rights to inherit their father's property. The rights of inheritance derives from the fact that in some circumstances, women

---

[48] See rules 19 and 21 of the non-contentions probate rules of 1954.

[49] Appeal No. BCA/11CC/97, (2002)1 CCLR part 9 at 32-39.

[50] Suit No. CASWP/2/2000 – CUR part 9.

[51] Court of Appeal Ibadan Division, (2003) (6) WRN 36-53.

[52] Nigeria Court of Appeal, (2002) FWLR 1385).

can be head of a household according to customary law. In cases where children do not survive a deceased, his parents inherit the property. In the absence of surviving parents, the property vests in the brothers and sisters of the deceased. On the basis of this, the Court of Appeal quashed the findings of the trial court which erred in holding that the deceased's daughter could not inherit her father.

In yet another case from Yomba land, Ashipa v. Ashipa[53], the plaintiffs challenged Mrs. Salijatu's status as the head of the family. Mrs. Salijatu accepted the duty of heading the family when her elder declined on ground of ill health. The plaintiffs argued that as a daughter Mrs. Salijatu could not be head of the family under Yomba customary law. The plaintiffs failed to adduce evidence to sustain the argument that Yomba native laws and customs prohibit a female from becoming the head of the family. The court then held that Mrs. Sahjatu's appointment was valid under Yomba customary law. The court referred to the case of Ukeja v. Ukeja[54] in which the court of Appeal declared that any custom that discriminates against women is void and contravenes the constitution. In Folami v. Cole[55] the court followed the previous judgment that a female child, under Yomba customary law, can head the family and manage family property, if she is the eldest child and all other surviving children are female[56]. In Moujekwo and Others v. Ejikeme and Others[57]it was indicated that a customary law that provides unequal inheritance rights to female and male family members is inequitable and repugnant to natural justice). Under Onitsha customary law, a widow can exercise certain rights respecting her late husband's property[58].

[53]Nigeria, High Court of Lagos state (2002) (3) LHCR 60-84.

[54]Unreported No. OA/1.174/93.

[55]Nigeria, Supreme Court, (1990) (2) NWLR 445-457.

[56] See Mojekuu v. Mojekuu court of Appeal (1997) (7) NWLR 283 where it was held that a customary law that allows only males to exercise a right of inheritance, despite a closer surviving female family member is unconstitutional.

[57,49) Court of Appeal (Enugu); 2000(5) NWLR 402; (1999) (3) CHRLD 116

[58]Nigeria, Supreme Court, (1989) (2) NWLR 373.

South Africa

In this country, it can be said that, in addition to being influenced by gender, inheritance rights are also affected by whether the heir was born within or out of wedlock. Thus, a South African Court of Appeal held that customary law that excludes an illegitimate female child from the right of inheritance and succession does not violate the non- discrimination provision of the constitution because all illegitimate children are excluded from inheritance. In line with the above the South African Constitutional Court in the case of Bhe v. Magistrate, Khayelitsha and Others[59] held that the rule of male primogeniture as applied to inheritance in African customary law violates constitutional guarantees to dignity and equality. In Mthembu v. Letsela and Another[60]it was held that customary law that excludes children born out of wedlock from the rights of inheritance and succession does not contravene the non-discrimination provision of the interim constitution.

Zimbabwe

In this country, a customary law rule favours men over women in matter of succession and inheritance conforms to section 23 of the constitution of Zimbabwe. In the case of Magaya v. Magaya[61] a father died leaving behind four children. The appellant, Venia Magaya is the daughter of the father and his first wife. The three remaining were born to the father's second wife, one of whom is the respondent and the father's only male child. A community court previously granted the appellant succession to the deceased's property. Upon an application submitted by the respondent, the court reheard the case and awarded the respondent succession. The court explained that according to customary law, as a female the appellant could not inherit her father's property. The appellant appealed to the Supreme Court, challenging the decision on the basis that it violated section

---

[59] Constitutional Court, (200), case No. 49/03.
[60] South Africa Supreme court of Appeal, (2000) (3) SA 867 (SCA)
[61]Zimbabwe Supreme Court, (1999) (3) LRC 35; (1999)(2) CHRLD 414

23(1) of the constitution, which prohibits gender- based discrimination. The court had to determine whether the Shona customary law that favours men over women in matters of succession and inheritance does not violate section 23(1) of the constitution. The court dismissed the appeal on grounds that it did not violate the constitution. In reliance upon the provision of section 23(3) of the constitution, the court had held that Shona customary law on discrimination was permitted against women[62].

The court further held that it was unwilling to distort the essence of customary law and grant new rights of inheritance to women. Rather, it chose to leave law reform to the legislature. The court declined to delve into the complex factors that inform customary law that regulates the day-to-day lives of the majority of the population. Couples that voluntarily opt to marry according to customary law accept and are thus bound by the African customary laws of succession and inheritance. Gender inequalities persisting in customary law should be remedied in a gradual and pragmatic manner rather than through judicial decree.

In Guise of a Conclusion: Women's Status and Reform

The Urgency and Agenda of Reform

The status of women is a topic of considerable importance. Its significance is indicated by the fact that it would seem odd indeed in most societies to discuss the status of men or their rights of inheritance. Instead, the rights and duties, enjoyed or owed by men are generally the norm by differentiation from which women acquire their distinctive status. Thus the Encyclopedia of the Social Sciences contains articles on women's position in society, but the only entry under 'man' deals with the evolution of Homo sapiens and girls as its first reference man's place among the mammals. Much has therefore

---

[62]Mwazozo v. Mwazozo S-121-94. Concomitant with the right to inherit property, the male heir assumes responsibility for supporting family: Chihowa v. Mangwende (1987) (1) ZLR 228 (s), 230 E-231E.

been written on women from time immemorial and in a continually evolving society. Much literature will continue to flow on women in Cameroon in particular and Africa or the world in general. The problem addressed in this paper needs to be examined in the light of growing importance of the woman in society. Resolution 503D (XVI) of the Economic and Social Council of the United Nations Organisation, at its 736 plenary meeting July 23, 1953 stated:

... that legal equality of husband and wife and the sharing by spouse of the authority, prerogatives and responsibilities involved in marriage are of benefit not only to the status of women but also to the family as an institution.

Noting that the legal systems of many countries result in a subordinate status of the wife in family matters of fundamental importance and that under numerous legal systems women are, during marriage, deprived of important personal and property rights or are subject to the authority and control of their husbands in the exercise of these rights.

Recommends that governments:

- Take all possible measure to ensure equality of rights and duties of husband and wife in family matters.
a) - Take all possible measure to ensure to the wife full legal capacity, the right to engage in work outside the home and the right, on equal terms with her husband, to acquire, administer, enjoy and dispose of property.

The work of the United Nations through its specialized agencies, particularly through the Economic and Social Council and its commission on the status of women and regional bodies[63]

---

[63] See the Francisco, *The UN Charter* (1945); In 1964, Heads of State and Government of the OAU adopted a charter on similar grounds. In 1972, the

113

emphasizing the equality of sexes has been an important force behind the recent worldwide movement of opinion regarding the position of women. This tide of opinion, changing the thoughts as well as the face of societies of diverse patterns throughout the world, is one of the outstanding social revolutions of the last century. It has removed inequality in the rights enjoyed by men and women respectively. By its spreading of a common philosophy based on equality of status and by the instruments it has used, such as international feminist organizations, it has broken down barriers between nations themselves, increasing the understanding by women of each country of the problems of their sisters elsewhere and removing many of the more extreme divergences of social pattern between nations[64].

Ideas have changed and are changing still but in practice much remain to be achieved. There is still much prejudice and much in law and custom that imposes on some women not merely an inferior but sometimes a degrading status. However, in many countries too and certainly at the international level, the broad lines of social and therefore legal change have been charted.

Pressure for law reform may come from several sources: the educated and vocal women who usually, in developing countries, form a small but powerful minority; but also, from the ordinary women of the country, awakened as they so often are to the possibilities of tomorrow, and wielding the power of the vote; from

---

UNGA proclaimed 1975 as the international year of the woman and declared the UN Decade (1975-1985) for Women under the theme: Equality Development and Peace: the United Nations for the Advancement of women. See also the International Research and Training Institute for the Advancement of Women (1975), the United Nations Development Fund for Women (1976) UNIFEM), the CEDAW committee. The OAU meeting of Heads of State and Government in Addis adopted the Cairo Agenda for action on Africa's Economic and social development.

[64] J.S. Read, "Women's Status and Law Reform in Changing Law in Developing Countries" in J.N.D. Anderson (ed.), *Studies on modern Asia and Africa*, London, 1963, p. 212.

114

progressive politicians responding to that power and planning the creation of modern states; from economic forces; and from international sources[65]. In this paper, our concern has been the relevance of reform process in law and custom in relation to the rights of women in the acquisition, management, of property in Cameroon – a plural society. Reform is not a matter for law alone. The tremendous role of other agents of reform have been identified.

Agents of Reform

Several agents/actors have championed the cause for reform in Africa in particular and the world in general. Some of the identified agents are: the educated and urban vocal women acting through non-state structures such as non- governmental or community-based organization; the ordinary rural women of the country in question; from politician who exploit the one man-one vote slogan to lure the women into granting votes during electoral competitive, common initiative groups and other economic structures dominated by women and the international sources in the like of the various international structures such as the UN and its specialized agencies and regional groupings – the OAU, now the African union (AU) as far as Africa is concerned.

The contribution of these agents cannot be examined in isolation. Some of their actions are interrelated and sometimes shall be discussed in association.

The Vocal Urban Woman

The few educated urban women fall under this category and are the minimal fraction of women who can read and understand the legal instruments guarantying their rights. In their advocacy, they usually constitute themselves into groups which become the permanent structures that initiate reform through education seminars and dissemination of legal literature to women. They also put

---

[65] J.S. Read, supra.

pressure on legal, administrative and financial structures for reform. The latter structures are, however, controlled by men and the will to change must first come from the men folk because no fundamental change in favour of women is possible without a change in male attitudes towards women's issues. Organisations such as the 'Ligue pour l'Education de la Femme et l'Enfant (LEFE) of Pauline Biyong that functions as a female/child focused non-government organization believe that changes in public opinion are of prime importance and that such changes must therefore be linked to education. It is unfortunately true that in Africa women have benefited in markedly smaller numbers than men from the limited educational facilities which have been available so far. Economic conditions that afflict families, social patterns such as early marriages for girls and the general climate of giving girls priority to boys continue to enhance male dominance over the female.

The National Association of Professional Media Women (NAPMEW) of Tata Seraphine is out to create awareness programme on women's issues and conducts research on harmful practices against women (e.g. domestic violence). In research conducted in 1997 in association with the Ministry of Women's and Social Affairs on women and the inheritance, ownership and management of land in Cameroon, NAPMEW proposed wide ranging administrative, legal, economic and financial reforms. Some of the issues raised in the study as harmful to the rural woman are still very prevalent in our societies, particularly the rural world. Its role and that of the *Ligue* of Pauline Biyong are illustrative of the role the urban woman can play in reform. An exhaustive list of such groups can be found in the various divisional offices of Cameroon. We are not giving that list as it does not fall within the purview of our study. However, a critical and in-depth study of groups can be found in our previous work[66].

---

[66] See J. Temngah "The Legal Framework of Civil Society and Social Movements" in Yenshu Vubo (ed.).2008.*Civil Society and the Search for Alternative Developments in Cameroon*, Dakar, CODESRIA.

The Rural Woman

The majority of women in Africa society live in the rural world. Cameroon is not an exception to this reality. In this category are the less educated or illiterate masses who live on subsistent agriculture, cultivating the land for food crops principally and cash crops incidentally. This explains the rural woman's attachment to the land she cultivates. Any attempt, therefore to disrupt their land use for agricultural purposes usually meet with the most violent resistance from the rural woman.

In justifying this thesis, we are offering some examples of resistance from the rural woman to attempts at touching on their land rights linked to farming. In the history of the British administration of Cameroon, Kom women (a locality in the North West Province of Cameroon) have constituted a unique and unforgettable human force when they changed from loving mothers to a frenzied mob of thousands who in 1954 staged a demonstration against the British administration over rumours that their traditional patterns of subsistence farming were going to be modified. The Anlu uprising of 1954 as it is referred remains an indication of the force of the rural woman.

In Wum, a locality in the North West Province of Cameroon, the Aghem women have staged several strike actions against the local administration on grounds of suspicion that during farmer-grazer conflicts, the administration has usually backed graziers against their rights over farmland. In Kedjom-Keku (Big Babanki) the abdication of their chief and later his brutal killing is linked to the demonstration of women within the Kedjom community for claims of farmland. These acts may appear isolated but they no doubt have a major impact on the reform process.

Progressive Politicians

In discussing the evolving nature of the concept of culture, we indicated that major political activities have had their impact the rights project for women. Since politician's exploiting the famous "One man, one vote" slogan in achieving votes from the womenfolk

117

in exchange of favourable economic, social and cultural conditions. These politicians at various levels local and natural play a progressive role in creating condition of equality between men and women.

Economic Forces

In some areas, women wield some formidable economic pressure. Women's participation in public life in the modern world can be said to have increased thereby indicating that women are gradually being released from some age-old subjection to men. It is undeniable that women have made a tremendous contribution to the overall economic growth of Cameroon. Women can be found in almost all the sectors: trade, commerce, industry, agriculture etc. Women have therefore been known to constitute economic units such as cooperatives so as to use them in securing capital for investments, Common Initiative Groups (CIGs) in the production and the distribution of goods and services, Associations of Female Business people in the likes of that headed by Mme. Francoise Foning (Groupement des Femmes d'Affaires du Cameroon – GFAC) is just one major economic group that liaise with development associations such as GICAM (Groupement des Industriels du Cameroun) of Andre Siaka for the advancement of the economic rights or women.

International Actors

International actors will necessarily include but not exclusively the UN its specialized agencies, Trans-National Corporation (TNCs) and International Financial Institutions (the World Bank, he International Monetary Fund – IMF, etc.) and International Governmental and Non- Government Organisations. These bodies wield a tremendous influence on issues of human rights in general and women's rights in particular[67] Achieving equality between the

---

[67]J.Temngah, *The International Labour Organisation (ILO) and the protection of Human Rights in Africa: The case of Cameroon*, Doctorat d'Etat Thesis Manuscript University of Yaoundé II, 2006.

sexes must as a matter of urgency be pursued by the various stakeholders. In the task of seeking equality in rights, especially female rights of inheritance, action must be focused on the following items.

- Legislation;
- Judicial Reform;
- Administrative Reform;
- Closing the gap between individual and collective solution;
- Reducing or removing exemptions and generalizing best practice;
- Positive discrimination (action).

The single most important change required to breathe new life into the sex equality laws is a massive change of heart on the part of the Cameroonians government. In doing so, we should be careful not to distort Africa's cultural tradition though a distorted medium. Kaberry[68] has stated that any attempt "by a species of anthropological or moral arithmetic, to decide whether the position of women in general is high or low, or good or bad is … likely to prove profitless". She illustrates this by quoting two contradictory views of the position of women from the former Bamenda Province (now North West region): one thought they had achieved a remarkable degree of freedom and independence while the other described their status as "alarmingly low"[69].

References

Asanga, I. N. "Rethinking Female Succession in Cameroon: The Decline of Customary Law?" *Recht in Afrika*, Issue 2, 2004, pp.121-132.

---

[68]P. Kaberry, *Women of the Grassfields: A Study of the Economic Position of Women in Bamenda, British Cameroons*, Her Majesty's Stationery Office, London, 1952, p. vii.
[69]J.S. Read, supra, p. 215.

119

Butegwa, F. "Women's Legal Right to Access to Agricultural Resources in Africa: A Preliminary Inquiry", *Third World Legal Studies*, Vol. 10, Issue 1, 1991, p. 44-57.

Breton, R. and Dieu, "More than 300 Languages in Cameroon", The Courrier, No. 80, July-August 1983, pp. 92-95.

Chanock, M. "Neither Customary nor Legal: African Customary Law in an Era of Family Law Reform", *International Journal of Law and Family*, Vol. 3, No. 1, 1989, pp. 72-88.

Kaberry, P. *Women of the Grassfields: A Study of the Economic Position of Women in Bamenda, British Cameroons*, Her Majesty's Stationery Office, London, 1952.

Lewis, P. Ethnologue: Langauges of the World. 16th Edition. Dallas, Texas: Sil International. http://www.ethnologue.com

Mamdani, M. *Citizens and Subjects: contemporary Africa and the legacy of late colonialism*, Princeton, Princeton University Press, 1996.

McDougal, M. S., H. D. Lasswell and L. Chen, "Human Rights for Women and World Public Order. The Outlawing of Sex-based discrimination", *American Journal of International Law*, Vol. 497, 1975, pp. 498-500.

Meek, C. K. *Land Tenure and land Administration in Nigeria and the Cameroon*, H.M. S.O, 1957.

Moore, F. *Law as Process: An Anthropological Approach*, London, Routeledge and Kegan Paul, 1975.

NAPMEW and MINASCOF, *Women and Inheritance, Ownership and Management of Land in Cameroon* (seminar proceedings), Yaoundé, British Council, 1997.

Nyamu, C. I. "Achieving Gender Equality in a Plural Legal Context: Custom and Women's Access to and Control of Land in Kenya", in Third World Legal Studies Association (ed.) *Postcolonialism, Globalization and Law*, New York, Third World Legal Studies Association and Valpraiso University School of Law, 2000, pp. 56-57.

Okagbue, I. *Women's Rights are Human Rights*, Nigerian Institute of Advanced Legal Studies, 1996.

Parpart, J. "Women's Rights and the Lagos plan of Action", *Human Rights Quarterly*, Vol. 180, 1986.

Poirier, J. "L'Analyse des Espèces juridiques et l'Étude des Droits coutumiers africains", in M. Gluckman (ed.), *Ideas and Procedures in African Customary Law*, Oxford, Oxford University Press, 1969, pp. 97-109.

Rajogopal, B. "Locating the Third World in Cultural Geography", *Third World Legal Studies*, Vol. 15, 2000, 1-20.

Read, J. S. "Women's Status and Law Reform in Changing Law in Developing Countries" in J. N. D. Anderson (ed.), *Studies on Modern Asia and Africa*, London, 1963.

Snyder, F. *Capitalism and Legal Change: An African Transformation*, New York, Academic Press, 1981.

"Colonialism and Legal Form: The Creation of 'Customary Law' in Senegal" *Journal of Legal Pluralism and Unofficial Law*, Vol. 19, 1981, pp. 49-90.

Temngah, J. *The Right of Widowhood in former West Cameroon. The case of Fungom Area*, Master's degree thesis, Faculty of Laws and Economics, University of Yaoundé, 1990.

"Customary Law, Women's Rights and Traditional Courts in Cameroon", *Revue générale de Droit*, Vol. 27, 1996.

"The Legal Framework of Civil Society and Social Movements" in Yenshu Vubo, E. (ed.). 2008. *Civil Society and the Search for Alternative Developments in Cameroon*, Dakar, CODESRIA, pp. 46-58.

The International Labour Organisation (ILO) and the Protection of Human Rights in Africa: The case of Cameroon, Doctorat d'Etat Thesis manuscript University of Yaoundé II, 2006.

Woodman, G. R. "Accommodation between Legal cultures: The Global encounters the Local in Ghanaian Land Law", *Recht in Afrika*, No. 1, 2001, pp. 57-75.

.

6

Gender, Social Capital and Entrepreneurship in Cameroon

Vukenkeng Andrew Wujung

Introduction

In sub-Saharan Africa as elsewhere, gender inequality has generally been unfavourable to women especially in the modern sector of the economy. According to Hersch (1991), women have traditionally been confined to two types of productive activities, one in the market and the other at home. Hence according to the human capital theory (Boden and Nucci, 2000; Hisrich and C. Brush, 1983), women who assume the majority of household chores would expect discontinuous labour force participation and fewer total years in the labour force than men. Women will therefore have fewer years over which to reap the rewards and hence will optimally choose to acquire less human capital. This dual responsibility of women compromises their performance in whatever economic activity they find themselves in.

In the primary sector, the different roles of each sex lead to different constraints and flexibilities as evidenced by Burfisher and Stein (1983). In this sector, the nature and poor seasonal distribution of the labour requirements of women gives them less ability and incentive than men to adopt new technologies. As a result, a majority of women in this sector quite often occupy themselves with the production of food-crops. As concerns women's participation and productivity in agriculture, it is held that this is dependent on physical factors associated with size, strength, reproduction, socio-cultural and institutional factors as well as family incentive structures as already observed. Cloud and Overholt (1983) have demonstrated that men monopolize the use of new equipment and modern methods in agriculture. Women, with responsibilities for particular crops or with management responsibilities for entire household production systems often lack access to modern inputs through exclusion from farmers' associations or cooperatives and through lack of access to capital, credit or government extension services. Moreover, policies such as those of the Structural Adjustment Programme (SAP) type have been shown to discriminate against women in the primary sector in sub-Saharan Africa. Due and Gladwin (1991) have shown, for example, that women producers especially female heads of households lack access to basic inputs of production and this is reflected in lower production, incomes and resources. Goheen (1993) identifies a similar institutional barrier exacerbated by the SAP crisis on women in Nso in the North West Region of Cameroon.

Elsewhere, Nalan (2008) using correlation analysis on a sample of 304 female entrepreneurs in Mersin describes entrepreneurship as a construct based on entrepreneurial personality characteristics, the proportion of socio-cultural entrepreneurship and gender roles. The study equally demonstrates the differences between migrant and non-migrant female entrepreneurship. Finally it predicts high and low levels of social capital amongst female entrepreneurs based on the aforementioned characteristics. The analysis predicts a higher social capital by migrant status resulting from stronger personal contacts and the socio-cultural proportion of their communities. Social capital is strongly associated with age, professional training and work experience. However, the aspect of performance is completely left out from this study

Meanwhile, Sahn and Haddad (1991) demonstrate that the political empowerment of women which could provide equal access to credit and market information and facilities, participation in the political process and ownership of assets, has been slow. Bardasi, Blackden and Guzman (2006) analyze gender differences in constraints and opportunities for African women and men entrepreneurs and conclude that some constraints tend to be more closely associated with women entrepreneurs. This is the case of corruption which is identified as a major or very severe constraint by

124

female owned enterprises somewhat more frequently than by male owned enterprises. The reverse is true in the case of labour regulations. Despite these differences in gender perceptions about severity of obstacles in entrepreneurship, there is no clearly discernible gender distinct pattern in either the nature of constraints or the country in which the entrepreneur operates.

Evidence shows that business networks are gender-segregated, which may influence their relative business success (Fischer 1982; Wellman 1985). Men may have access to a broader network than women. Also, women may rely more heavily on strong ties, while men utilize weak business ties (Aldrich 1989). In the current paper, the objective is to understand the nature of social capital acquisition in entrepreneurship. In fact, the following questions will guide the study: What is the gender element in social capital acquisition in Cameroon? More specifically: are there differences in terms of male and female migrants and non-migrant entrepreneurs? What factors would explain these differences?

This study therefore sets out to analyze the gender elements in the acquisition of social capital in entrepreneurship. More specifically, the aims are to:

• Describe entrepreneurship as a construct based on entrepreneurial personality characteristics, the properties of socio-cultural entrepreneurship and gender roles.

• Determine the differences between male and female migrant and non-migrant entrepreneurship in terms of the afore-mentioned variables as components of the construct in addition to push and pull factors and social capital; and

• Finally, predict high and low levels of social capital among male and female entrepreneurs according to the variables present in the realm of entrepreneurship.

The study has three contentions. Firstly, it argues that men and women entrepreneurs do not portray distinct characteristics in relation to the socio-cultural environment or gender. Secondly, it assumes that there are no significant differences between male and female migrant and non-migrant entrepreneurs. It also assumes that

125

there are equal levels of social capital among male and female entrepreneurs in formal business.

This study is justified by the fact that although much research in gender studies in the social sciences has been carried out in the developing world, this has focused mainly on women to the extent that they are in all respects women studies rather than gender studies. It seeks to go beyond this shortcoming to analyze gender in its entirety as a construct wherein two sexes are involved by demonstrating differences in responses to the socio-cultural and institutional environment of formal business in a developing country especially as it concerns the acquisition of social capital. The comparative approach adopted is intended to bridge the gap created by previous research.

In the second section of the study, a conceptual framework of gender and entrepreneurship is attempted in which social capital, the entrepreneurial personality characteristics, properties of socio-cultural entrepreneurship and gender roles are examined. The third section presents the method of analysis. The fourth section presents and discusses the findings of the study. Finally, in the conclusion it is shown that unique aspects of Cameroon culture can be found in the entrepreneurship construct developed in the study.

Conceptual Framework

Green *(1996)* has argued that the social relationships that a person participates in often produce resources that can be used immediately or at some future time to achieve his/her own interests. These resources, known in social science theory as social capital, are not imbedded in any member of the social network or in the physical properties owned by the members individually or collectively. In fact, social capital is produced by and contained in social relationships. To Bourdieu (1986) social capital represents a distinct form of social relationship in that it is a result of investment strategies pursued either consciously or unconsciously and aimed at producing

126

advantages for the individual at the present moment and/or in the future.

Coleman (1988) identifies three different type of social capital: (1) obligations, expectations and trustworthiness of social relationships; (2) information channels; and (3) norms and effective sanctions. There may not be absolute distinct boundaries between these types of social capital as they are facets of the social capital system. Obligations serve as the measure of exchanges, a function similar to the role of money in the financial capital economy. Information is a product which can be exchanged through the engagement of social capital but cannot be distinguished from other goods and services except that the obligations which its exchange generates may be of relatively low value and transparent to the individuals involved. Finally, trustworthiness, the information channels, norms and sanctions provide the framework within which social capital circulates. Without these elements social capital exchange would break down and individuals with a network would impose negative externalities on others by failing obligations.

Social capital constitutes an important dimension in the study of entrepreneurship in it provides a link between macro and micro analysis of business decisions. Rather than viewing entrepreneurs as solely rational decision makers, the social capital approach suggests that entrepreneurs are embedded in social relations that influence their activities. Social relations are important in generating trust and discouraging malfeasance in economic transactions. The need to embed transaction in social relations explains why many entrepreneurs continue their transactions with others that they know even when they could cut their costs elsewhere. These social relationships help reduce risk and uncertainty in markets.

Nalan (2008) perceives entrepreneurship as a phenomenon that stems from and is nourished by different socio-cultural environments and contexts. Underlying factors that lead to entrepreneurship may differ according to gender. Male and female entrepreneurship could benefit from different aspects of the social context while both may share certain other aspects. Social capital, meanwhile, refers to the

127

resources that are derived from people's socio-cultural networks and personal ties. Main differences, in this respect, are found between the two genders in terms of using formal and informal networks. Levie's (2007) bivariate analysis of the effect of migrant status and ethnicity on propensity to engage in entrepreneurship at individual level in the UK shows that new business activity varies with migrant status and ethnicity. Multivariate analysis, on its part, suggests that migration increases the odds of engaging in new business activity, that their dependent effect of ethnicity is marginal, and that being recent ethnic minority migrant decreases the odds, after controlling for other individual level factors. At the regional level, a preliminary analysis shows that gross migration flow has a higher correlation with new business activity than other commonly used regional demographic or economic development measures. Sappleton (2009) examines the relationship between "entrepreneurial segregation" - self-employment in a gender typical or atypical sector - and social capital and, using regression analysis, determines the impact of business owners' gender and the sector of their firm on levels of social capital. The analysis shows that women who operate firms in traditional female sectors are found to have the highest levels of social capital. In stark contrast, those individuals - men and women - working in traditional male sectors exhibit lower levels of social capital, measured in terms of trust, community engagement and social networks. Furthermore, self-employment in a gender traditional or non-traditional sector is found to be a significant predictor of social capital. This study has the merit to assess the social capital of men and women entrepreneurs operating traditional and non-traditional enterprises.

The World Economic Forum's (2007) Enterprise Survey identifies certain characteristics of a business, such as the sector in which it operates, the size of the enterprise, the number of years it has been in operation, whether it is an individual or family enterprises, and, in many cases, the sex of the business owner. Using some of these characteristics it is shown that these entrepreneurs have already overcome whatever barriers exist to entry into business, including any gender-based barriers. Moreover, and related to the

128

previous point about selection, women and men entrepreneurs are likely to differ not only with respect to observable characteristics but also unobservable ones that make a good entrepreneur, such as motivation, innate ability, persistence, and intuition.

The Enterprise Survey data confirm that women entrepreneurs are a minority compared with their male counterparts. However, there is large variation across countries. Only in reference to manufacturing enterprises with at least 10 employees, women own fewer than 10 per cent of firms in Kenya, Morocco, Nigeria, Senegal and Tanzania, but up to 40 per cent or more in Botswana, Cameroon, Cape Verde and Mozambique.

These percentages are very similar if one looks at a sub-sample of enterprises run by a stakeholder with more than 50 per cent of the firm's shares: the percentage of female - owned enterprises decreases in Cameroon and Egypt, and particularly in Mozambique and Cape Verde but remains very similar in all the other countries. If it is reasonable to assume that a majority stakeholder also runs the business, these percentages can be interpreted as approximately reflecting the share of female owners who manage their own enterprise. Research conducted in other regions indicates that women are less likely than male counterparts to own business. In 8 out of the 40 countries included in this study, the percentage of women entrepreneurs ranges from a low of 1.9 per cent of adult women in Belgium to 49.9 per cent in the Philippines. While overall entrepreneurship rates for both men and women are higher in low/middle-income countries than in high-income countries, in all of the countries studied entrepreneurship rates for men are higher than those for women.

The data for African countries also distinguish between individual and family enterprises. The percentage of entrepreneurs in family enterprises (as distinct from individual enterprises) is higher and sometimes much higher-for female-owned enterprises than for male owned enterprises in almost all countries. It is only in Kenya and Lesotho that men entrepreneurs are more likely than women entrepreneurs to be in a family enterprise. Overall, women are more

129

likely than men to own (and possibly manage) their enterprises together with other family members, rather than on their own. The predominance of women in family enterprises is also significant in two other respects. First, it may be that family enterprises are a way for women to combine their business activities with their domestic or household tasks, which are disproportionately women's responsibility. Second, other factors affecting family member - such as their legal status and their marital and property rights - are likely to affect the type of constraints that the firm may face and the performance of the business as well.

Unfortunately, the Enterprise Survey data do not include much information on the personal characteristics of the entrepreneur. To build a profile of men and women entrepreneurs, we have therefore analysed household survey data that allow us to distinguish between several categories of workers, including "employers" (defined as self-employed people who hire employees), whom we believe to be a reasonable proxy for the category of "entrepreneurs" in the Enterprise Surveys.

Analysis of household survey data indicates that women entrepreneurs tend to be younger than men (by two to six years), an encouraging sign that access into entrepreneurship may be easier for younger cohorts of women. In almost all countries, a much lower share of female than male entrepreneurs is married. This is a particularly significant finding in that it suggests that women may not find it easy to combine both family and enterprise responsibilities. Case studies confirm these findings as it is rare to find women entrepreneurs whose husbands support their enterprises.

Finally, these data confirm that women entrepreneurs are much more likely than men to live in a household with other entrepreneurs, suggesting that women are more likely to own and manage the enterprise together with family members rather than independently (for example they may be likely to work in the enterprise of their family of origin). This reinforces the findings of the Enterprise Survey data presented above.

In several countries (Democratic Republic of Congo, Madagascar, Mauritius, Morocco, Namibia, Niger, South Africa, and Uganda), enterprises in the textiles sector are disproportionately more likely to be owned by women than enterprises in other sectors. In other countries (Angola, Cape Verde, the Gambia, Madagascar, Mali, Mauritania, Senegal, Tanzania, and Uganda), manufacturing enterprises are less likely to be owned by women than enterprises in other sectors. After controlling for data on sectors, size is not correlated in any significant way with female ownership except in Southern Africa (where big firms are less likely to be owned by women) and in Angola (where medium-sized enterprises are more likely to be female-owned). Even after controlling for other characteristics, family enterprises are still two to seven times more likely to be owned by women than individual enterprise. This is the case in Egypt, Ethiopia, Madagascar, Malawi, Mauritius, Zambia and, especially, South Africa.

Methodology

Participants
In this study the definition of entrepreneurs is provided on the basis of the following characteristics advanced by Nalan (2008):
- Those who have a business established in their own name at a place other than the house;
- Those who work in that enterprise alone or with an employee employed by her/him and/or who work there as the associate owner;
- Those who execute the activities pertaining to the production of goods or services, who do or contact others to do the distribution, marketing and sale of those goods and services;
- Those who establish contacts with individuals, organizations, institutions and corporations on their own.
- Those who make their own decisions in organizing the business processes, the planning of production of goods and services, the execution of entrepreneurial affairs or expanding business, and

131

- Those that have the power over the investment and use of income earned by businesses (Ecevit, 1993).

The sample used in this study consists of entrepreneurs who met the above criteria and were registered with the Chamber of Commerce, Industries, Mines and Crafts in Douala-Cameroon.

Materials

A questionnaire was developed to determine the socio-demographic characteristics, entrepreneurial characteristics and social capital qualities of the entrepreneurs in Douala. In the first part of the questionnaire, socio-demographic questions targeted the variables age, marital status, level of education, professional experience, being migrant or not, family background, spouse's occupation and the number of children. In the second part of the questionnaire, there was a scale in which the respondents were asked to rate to what extent the listed qualities deemed decisive in entrepreneurial characteristics were most appropriate to themselves. The scale included 18 items defined over three dimensions: entrepreneurial personality characteristics, properties of socio-cultural entrepreneurship and gender roles. Entrepreneurial personality characteristic were developed on the basis of a framework drawn from the relevant theories. These include "risk taking", "innovativeness", "creativity", "independence", "competitiveness" and "self-confidence".

The characteristics of socio-cultural entrepreneurship that were utilized in building our entrepreneurship construct included "being a prestigious person in her/his social environment", "patronage", "cooperativeness", "responsibility towards the people in social milieu", " mindfulness of harmonious human relations" and finally "awareness of the family's prestige". The effects of gender roles on entrepreneurship were considered a distinguishing factor for both male and female entrepreneurship. In addition to the gender roles already discussed, new feminine roles were added to the list: "tolerance", "altruism", "caring" and "emotionality". The individuals were to rate whether those items under the three dimensions were

132

appropriate to themselves. Moreover, entrepreneurial personality traits, characteristics of socio-cultural entrepreneurship and gender roles were combined to obtain an index. The points for appropriateness (yes=1, or no=0) for the six items per dimension were added to obtain a composite score. Accordingly, the point for each dimension ranges between 1 and 6.

In the third part of the questionnaire, the factors "overcoming economic difficulty", the "handover of the enterprise from a female/male family entrepreneur or from female/male in-laws", "providing extra income to the family" and "inability to find a paid job with the expected standards" were considered to be the factors pushing the women and men to become entrepreneurs whereas the factors "the desire to work freely", "the desire to realize one's independence", "the desire to be productive" and "the desire to balance family and business life" were considered to be factors pulling the women and men to become entrepreneurs. Push and pull factors rendered two distinct indices giving 1 point for each of the items rated by the participants.

The fourth part of the questionnaire included a scale comprising five questions to determine the social capital of the entrepreneurs. The social capital of the entrepreneurs scale consisted of the following items: "I can use relationships in my social milieu to initiate and maintain an enterprise"; "I can collaborate easily with other people when my business necessitates it"; "I have had support from my family, close friends and relatives in the stages of initiating and maintaining the business"; "I trust my family, close friends and relatives in affairs related to the business (lending, borrowing, need for liquid money, leaving the business premises when I have to do something outside); "when the business necessitates it, I can establish relationships with people I have never met and trust them, in order to improve the enterprise". The participants rated each item on a scale of 1 - 5 (1: completely disagree to 5: completely agree). The construct validity of the social capital of the entrepreneurs was determined through a pilot study with a sample of 30 entrepreneurs.

Model Specification

Using the five-step social capital scale of the entrepreneur, the model specified in the study assumes a linear relationship between the social capital of the entrepreneur and the various variables of entrepreneurial characteristics including socio-demographic characteristics. It is specified as follows:

$$SOC = a_0 + a_{1EPC} + a_2 PSE. + a_{3GR} + a_4psf + a_5PUF + a_6SX + a_7 NOC + \ldots\ldots (1)$$

Taking into consideration the other variables called random or stochastic terms that are not specified in the model but that affect the level of social capital (1) becomes

$$SOC = a_0 + a_{1EPC} + a_2 PSE. + a_{3GR} + a_4psf + a_5PUF + a_6SX + a_7 NOC + u \ldots\ldots (2)$$

Where $a_0>$ or $<_0 a_1>$ or < 0 $a_2>$ or $< 0 a_3>$ or <0 $a_4>$ or < 0 $a_5>$ or <0 $a_6>$ or $< 0a_8>$ or <0

SOC = Social capital

EPC = Entrepreneurial personality Characteristics,

PSE = Properties of Socio-cultural Entrepreneurship,

GR = Gender Roles

PSF = Push Factors.

PUF = Pull Factors

SX = Sex

NOC = Number of children

U = Random term not included in the model

a_0 =autonomous level of social capital

a_1 = coefficient of entrepreneurial personality characteristics,

a_2 = coefficient of properties of socio-cultural entrepreneurship

a_3 = coefficient of gender roles

a_4 = coefficient of push factors

a_5 = coefficient of pull factors

a_6 = coefficient of sex

a_7 = coefficient of number of children

Method of estimation used is the OLS multiple regression technique.

We allow data to determine the signs and magnitudes of the variables.

The t-statistic is used to determine the effects of individual independent variables on social capital. The adjusted R-square is used to determine how far the factors of social capital are responsible for changes in the level of social capital accumulation. The F-statistic is used to measure the overall significance of the model.

Procedures

The research was conducted in the summer of 2010. The data was obtained by a questionnaire and a face-to-face interview. In the first phase of the study, as mentioned above, a pilot study was conducted with a random sample of 30 entrepreneurs, and as a consequence of the in-depth interviews with the entrepreneurs, necessary modifications were made and the final version of the questionnaire established accordingly.

Findings and Discussion of Findings

Gender and Entrepreneurial Characteristics

The characteristics of the entrepreneurs are vital in understanding the initiation and maintenance of enterprises by the sexes. These features are also important in forging the identity and cultural background of the entrepreneur. Fifty seven per cent of the entrepreneurs participating in the study are married as opposed to forty three per cent who are single as shown in figure 1 below.

135

Figure 1: Distribution of entrepreneurs according to gender and marital status

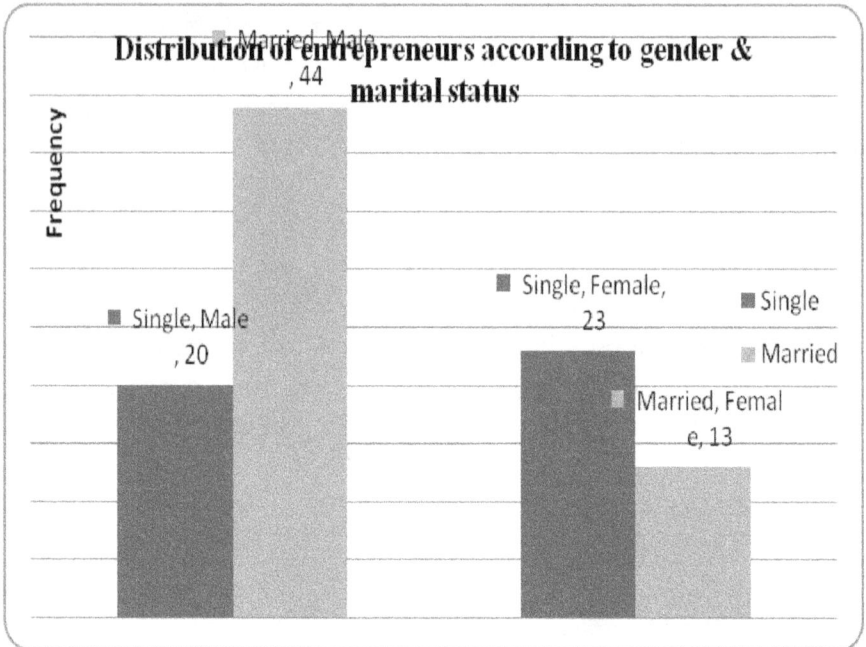

Distribution of entrepreneurs according to gender & marital status

Frequency

Married, Male, 44

Single, Female, 23

Single, Male, 20

Married, Female, 13

■ Single
■ Married

Source: Field Survey Summer 2010

Sixty three per cent of the women in the study who were single outnumbered their male counterparts (31.3%) who were single. This strongly suggests that a majority of women are push into entrepreneurship by their single status. When the level of education of the entrepreneurs is considered in figure 2, it is observed that seventy two per cent of the entrepreneurs have attained secondary education (27% and 45% for women and men respectively). The high proportion of secondary school graduates in the sample can be explained by the fact when they are unable to find paid jobs with their secondary school certificates, they are then forced to become entrepreneurs. Only eleven per cent (3% and 7% for women and men respectively) of the participants have had university education. This finding can be explained by the general and non-self-reliant nature of Cameroon educational system in the past which did very little to encourage university graduates to create jobs.

Figure 2: Distribution of entrepreneurs according to level of education

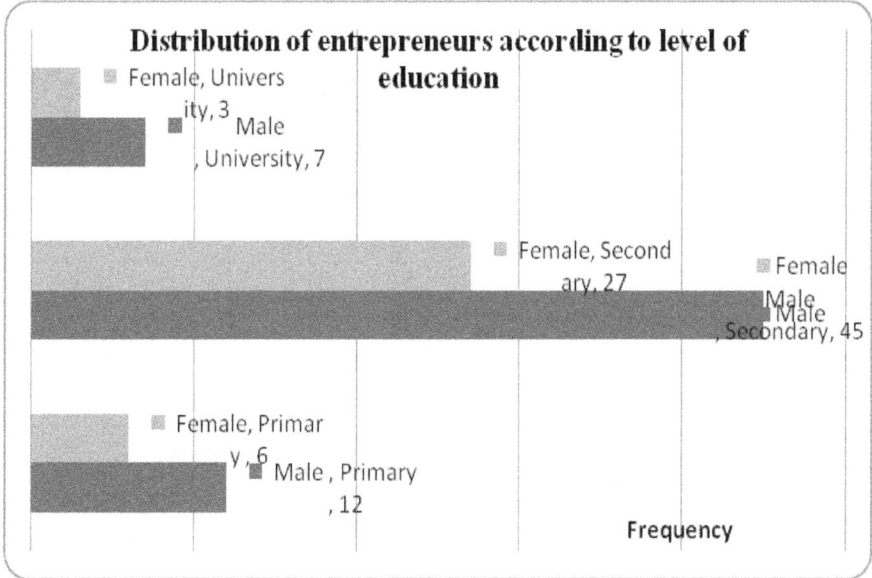

Source: Field Survey Summer 2010

The primary school graduates constitute 18% (6% female and 12% male).

Gender, Migration, and Entrepreneurship.

About sixty two per cent (45% men and 17% women) of the entrepreneurs that participated in the study migrated to Douala while 38% (19% men and 19%women) were born in Douala.

Figure 3: Distribution of entrepreneurs according to migration status and income background

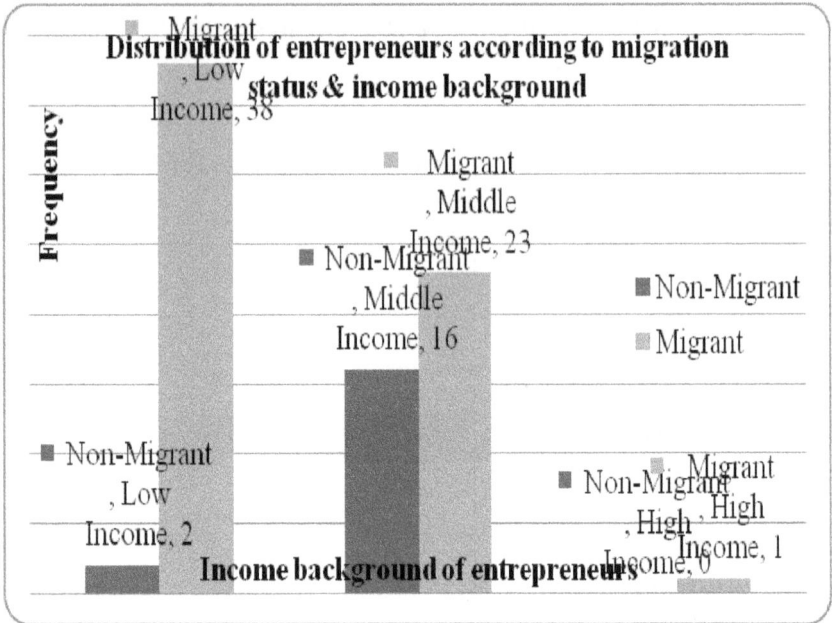

Distribution of entrepreneurs according to migration status & income background

- Migrant, Low Income, 38
- Migrant, Middle Income, 23
- Non-Migrant, Middle Income, 16
- Non-Migrant, Low Income, 2
- Non-Migrant, High Income, 0
- Migrant, High Income, 1

Frequency

Income background of entrepreneurs

■ Non-Migrant
▨ Migrant

Source: Field Survey Summer 2010

In terms of family background, 38, migrant entrepreneurs were from low income, 23 from middle income, and 1 from high income backgrounds respectively. The proportion of migrant entrepreneurs with a low income background suggests that poor family background pushes people to migrate to urban areas in search of better opportunities.

Gender and levels of Social Capital in Entrepreneurship

The level of social capital, entrepreneurial characteristics and factors for entrepreneurship differed between men and women entrepreneurs as shown in table 1 and 2 below. The mean level of social capital for men is 23.3 higher than that of women which is 22.1. The mean level of entrepreneurship personality characteristics,

138

properties of socio-cultural entrepreneurship, gender roles, push/pull factors for men was slightly higher than that for women. This explains the higher mean level of social capital for male entrepreneurs.

Table 1: Mean levels of social capital, entrepreneurial characteristics and factors for male and female entrepreneurs

Variable	Men	Women
Social capital	23.28125	22.08333
Entrepreneurship personality characteristics	5.78125	5.694444
Properties of socio-cultural entrepreneurship	4.859375	4.638889
Gender roles	5.21875	5.6324555
Push factors	2.640625	2.638889
Pull factors	2.765625	2.75

Source: Field Survey Summer 2010

The above table shows that the mean levels of social capital, entrepreneurial personality characteristics, properties of socio-cultural entrepreneurship, and pull factors are higher for male entrepreneurs. But this difference is significant only as it concerns social capital acquisition and entrepreneurship personality characteristics. On the other hand, women entrepreneurs have a significant higher mean level of gender roles in entrepreneurship. Meanwhile there is no significant difference between men and women as far as push factors are concerned in entrepreneurship.

Table 2: Mean levels of social capital, entrepreneurial characteristics and factors for Migrant and Non-Migrant entrepreneurs

Variable	Migrants	Non-migrants
Social capital	23.18	22.32
Entrepreneurship personality characteristics	5.84	5.61
Properties of socio-cultural entrepreneurship	4.89	4.61
Gender roles	5.177	5.08
Push factors	2.645	2.63
Pull factors	2.177	1.55

Source: Field Survey Summer 2010

When the results are disaggregated by immigrant status as shown in table 2, migrant entrepreneurs portray significant higher mean levels of social capital, entrepreneurship personality characteristics, properties of socio-cultural entrepreneurship and number of children. There is no significant difference between migrant and non-migrant entrepreneurs in terms of gender roles, push factors and pull factors in entrepreneurship.

Table 3: Mean Levels of Social Capital, Entrepreneurial Characteristics and Factors for Non- Migrant Entrepreneurs according to Gender

Variable	Non-migrant women	Non-migrant men
Social capital	21.68	22.9473
Entrepreneurship personality characteristics	5.53	5.684
Properties of socio-cultural entrepreneurship	4.37	4.842
Gender roles	5.05	5.1052
Push factors	2.68	2.57
Pull factors	2.736	2.736
Children	1.684	1.4210

Source: Field Survey Summer 2010

A further desegregation of non-migrant entrepreneurs by sex shows that non-migrant women entrepreneurs have a higher mean number of children. Men non-migrant entrepreneurs have significant high mean levels of social capital and properties of socio-cultural entrepreneurship. There remains no significant difference between non-migrant women and non-migrant men entrepreneurs in terms of entrepreneurship personality characteristics, gender roles, push factors and pull factors.

Table 4: Mean Levels of Social Capital, Entrepreneurial Characteristics and Factors for Migrant Women and Migrant Men Entrepreneurs

Variable	migrant women	migrant men
Social capital	21.259	23.422
Entrepreneurship personality characteristics	5.88	5.822
Properties of socio-cultural entrepreneurship	4.941	4.866
Gender roles	4.9411	5.266
Push factors	2.588	2.666
Pull factors	2.764	2.777
Children	2.0588	2.222

Source: Field Survey Summer 2010

Focusing on the migrant group of entrepreneurs on table 4, men continue to show significant higher mean levels of social capital acquisition and gender roles.

Determinants of Social Capital in Entrepreneurship

The findings of our OLS estimates of the social capital function for the sampled entrepreneurs as a whole and disaggregated for men, women, migrants and non-migrants are presented in Table 5 below.

Table 5: OLS estimates of social capital functions for Entrepreneurs in Douala, Cameroon
Dependent Variable: Level of social capital

Variable	All	Men	Women	Migrants	Non-migrants
EPC	1.3818*	1.47	1.27*	-1.259	2.177* (2.19)
	(1.78)	(0.90)	(1.46)	(-0.76)	
PSE	0.610 *	0.429	0.804 *	1.71*	0.081 (-0.03)
	(1.64)	(0.54)	(1.42)	(2.67)	
GR	1.0641	1.26*	0.599	0.653	2.799* (3.76)
	* (1.73)	(1.74)	(0.47)	(0.97)	
PSF	1.067	1.187	0.406	1.83	0.461 (-0.25)
	(-1.11)	(-1.02)	(1-0.25)	(-1.81)	
PUF	O.4146	0.718	0.272	0.152	0.240 (0.17)
	(0.38)	(0.55)	(0.23)	(0.14)	
SX	0.7161	-	-	-	-
	(0.82)				
NOC	0.0814	0.072	0.044	0.0677	0.084 (-0.12)
	(-0.27)	(-0.18)	(-0.07)	(-0.24)	
Constant	7.8911	7.395	8.510	23.479*	3.33 (-0.47)
	(1.20)	(0.91)	(0.72)	(1.92)	
Observations	100	64	36	62	38
R-Square	0.1422	0.13	0.133	0.20	0.32
F-statistic	2.18	2.61	0.74	2.62	5.63

Source: Field Survey Summer 2010
Note: t-statistics in parenthesis
*: significant at 10% level

The estimates were carried out in five regressions for the same dependent variable (level of social capital). Column 2 shows the result in aggregate form for all sampled entrepreneurs while columns 3, 4, 5 and 6 show the results for men, women, migrants and non-migrants respectively.

Evaluation of the Significance of Individual Variables in the Social Capital function

i) The coefficient of entrepreneurial personality characteristics shows a positive and significant impact on social capital acquisition in the aggregate model. In the disaggregated models this coefficient varies considerably both in sign and degree of significance amongst the different groups of entrepreneurs. In the group of male entrepreneurs, entrepreneurial personality characteristics exhibit an insignificant positive association with social capital while in the case of women it shows a strong positive association with the level of social capital. As concerns migrant entrepreneurs, this variable shows an insignificant negative impact on social capital. Globally, this finding confirms our *a priori* expectation that entrepreneurial personality characteristics will largely impact on the level of social capital. In fact, Begley and Tan (2001) establish connections between entrepreneurial characteristics and the social, cultural and the economic characteristics of the milieu in which they operate.

ii) As concerns the properties of socio-cultural entrepreneurship, it exhibits a significant positive association with social capital in the aggregate model, women entrepreneurs and migrant entrepreneurs. The positive influence of this variable on social capital remains significant for male entrepreneurs and becomes negatively insignificant for non-migrant entrepreneurs. Considering the level of social capital for all the entrepreneurs studied, gender role is strongly positively related to social capital. In the disaggregated form of the model the coefficient of gender roles remains strongly positively related to social capital for male entrepreneurs and migrant entrepreneurs. It remains positive and insignificantly related to social capital in the case of women entrepreneurs and migrant entrepreneurs. The push factors into entrepreneurship have an insignificant negative association with level of social capital acquisition in both the aggregate and disaggregate models. The coefficients of the pull factors into entrepreneurship are positive but insignificant in the aggregate and disaggregate models.

144

iii) Though the coefficient of sex is positive and insignificant in the aggregate model, it shows that men have higher levels of social capital than women.

iv) The negative coefficient of number of children in both the aggregate and disaggregate models shows that increase in the number of children of the entrepreneur reduces his/her ability to social network.

v) The coefficient of the constant term exhibits instable signs and level of significance in the aggregate and disaggregate models. This variable significantly impacts positively on social capital only for migrant entrepreneurs and remains positive though insignificant in the global model as well as for male and female entrepreneurs. It portrays an insignificant negative impact on social capital for non-migrant entrepreneurs. This finding suggests that there are variables other than those specified in the model that impact positively on the level of social capital acquisition by migrant entrepreneurs.

Global Evaluation of the Social Capital Function

In the whole sample of entrepreneurs studied the coefficient of multiple determination (R2) is 0.1422 in the aggregate model and 0.13, 0.133, 0.20, and 0.32 for male, female, migrant, and non-migrant entrepreneurs respectively. This means that in the aggregate model about 14% of the variation in the level of social capital for the whole group of entrepreneurs is accounted for by the seven variables. In the disaggregated model, 13%, 13%, 20% and 32% of the same variation in social capital is explained by the variables considered. We note that for the entire group of entrepreneurs, the explanatory power of the model is low unlike when we disaggregate by migrant status. The explanatory power of the aggregate model is 14% while that of the disaggregated model is as high as 20% and 32% for migrant and non-migrant entrepreneurs respectively. The unexplained variation in the global model may be attributed to specification problems of the social capital function and its low explanatory power seems to suggest that individual groups of entrepreneurs have peculiar characteristics which influence their social capital acquisition. However, in the disaggregated model, some of the unexplained variation in the level of social capital acquisition amongst some groups of entrepreneurs may indicate that our estimations did not take into consideration some factors peculiar to them for which we could not find measures for.

The global performance of the social capital model for the whole sample of entrepreneurs and the different groups of entrepreneurs is shown by the F-statistic in column 2, 3, 4, 5 and 6 in Table 5. We apply this test at the 5% level of significance to test the reliability of the model. The various degrees of freedom and their critical values for both the aggregate and disaggregated five models as shown on table 5 are all greater than the critical values of the F-tables at their respective degrees of freedom. We therefore reject the null hypothesis of no relationship between the level of social capital acquisition and all the variables and accept the alternate hypothesis. The different variables of the social capital functions specified and tested for some particular groups of entrepreneurs in this model are therefore highly significant at the 95% confidence level.

Conclusion and Recommendations

We summarize the results of both the gender characteristics in entrepreneurship and the social capital in entrepreneurship function together with some relevant recommendations. The estimates of the social capital in entrepreneurship function showed that entrepreneurial personality characteristics, properties of socio-cultural entrepreneurship, and gender roles personality explained the variation in social capital positively and significantly. Although variables such as pull factors and gender (sex) were not significant individually, collectively they were important in explaining variation in the level of social capital in entrepreneurship. Push factors and number of children were negative factors in explaining changes in levels of the social capital of the entrepreneurs.

146

From these results it is clear that entrepreneurs in Douala, Cameroon have constructed strong ties-based social networks with close connections with family members, relatives and other entrepreneurs and they have benefited from these networks as sources of their social capital. From a policy perspective these findings are important and should not be ignored when examining social capital in entrepreneurship. The variable of education used in the study could be modified in future studies to specify the type of education (general, technical, commercial). A separate study could investigate the difference in social capital acquisition between rural and urban entrepreneurs.

References

Aldrich, H. 1989. "Networking among Women Entrepreneurs" in O. Hagan, C. Rivchun, and D. Sexton (eds.). *Women-Owned Business.* New York: Praeger, pp. 103-132.

Bardasi, E., M. Blackden and J. Guzman. 2006. *Gender, Entrepreneurship, and Competitiveness in Africa.* Washington, D.C.: World Bank.

Begley, T. M. and W. Tan. 2001. "The Socio-cultural Environment for Entrepreneurship: A Comparison between East Asian and Anglo-Saxon Countries », *Journal of International Business Studies,* Vol. 32, pp. 537-555.

Boden, R. and A. Nucci. "On the survival prospects of men's and women's new business venture", Journal of Business Venturing, Vol. 15, No. 4, 2000, pp. 347-362.

Hisrich, R. and C. Brush. "The Women Entrepreneur: Implications of Family, education and occupational experience" in J.

147

Homaday, J. Timmons and K. Vesper (ed.). 1983. *Frontiers of Entrepreneurship Research.* Wellesly: Babson College.

Bourdieu, P. 1986. "The Forms of Capital" in John G. Richardson (ed.). *Handbook of Theory and Research for the Sociology of Education,* New York: Greenwood Press, pp. 241-258.

Burfisher, M. and N. Stein. 1983. "Incorporating Women into Agricultural Development Planning: A Methodology" in B. L. Greenshields and M. A. Bellamy (eds.), *Rural Development: Growth and Inequality.* Aldershot: Gower Publishing Co., pp. 161-165.

Coleman, J. 1988. "Social Capital in the Creation of Human Capital", in C. Winship and S. Rosen (eds.). *Organizations and Institutions: Sociological and Economic Approaches to the Analysis of Social Structure,* Supplement to *American Journal of Sociology,* Vol. 94, pp. S95-S120.

Cloud, K. and C. Overholt. 1983. "Women's Productivity in Agricultural Systems: an Overview" in B.L. Greenshield and M.A. Bellaby (eds). *Rural Development Growth and Inequality.* Aldershot: Gower Publishing Co., IAAE Occasional Paper 3, pp. 166-171.

Due, J. and C. Gladwin. 1991. "Impacts of SAPS on Female headed Households", *American Journal of Agricultural Economics,* Vol. 73, No. 5, pp. 1431-1439.

Ecevit, Y. 1993. "Kadin girisimciligin yayginlasamasina yonelik bir model onerisi" (A Model Proposal for Enlargement of Women's Businesses), Kadini Girisimcilige Ozendirtme ve Destekleme Paneli Bildirier ve Tarismalar (paper published in the Proceedings of the Panel on Encouragement and Support for Turkish Female Entrepreneurship), Devet Bakanligi Kadin ve Sosyal Hizmetler Mustesarligi Statusu ve Sorunlari Genel Mudurluhu, Egitim Serisi, Yayim No. 74, Ankara, pp. 15-34.

Goheen M. 1993. "Les champs appartiennent aux hommes, les récoltes au femmes: Accumulation dans la région de Nso" in P. Geschiere and P. Konings, *Itinéraires d'accumulation au Cameroun*, Paris: Karthala.

Green, G. 1996. "Social Capital and Entrepreneurship: Bridging the Family and Community", Paper presented at the Cornell University Conference on the Entrepreneurial Family-Building Bridges, March 17-19, 1996, New York City, New York.

Hersch, J. 1991. "The Impact of non-market work on market wages" in *American Economic Review*, Vol. 81, pp. 157-160.

Levie, J. 2007. "Immigration, In-migration, Ethnicity and entrepreneurship in the United Kingdom" *Small Business Economics*, Vol. 28, No. 2, March, pp. 143-169.

Nalan, Y. 2008. "Social Capital in Female Entrepreneurship", *International Sociology*, Vol. 23, No. 6, pp. 864-885.

Sappleton, N. 2009. "Women non-traditional Entrepreneurs and Social Capital", *International Journal of Gender and Entrepreneurship*, Vol. 1, No. 3, pp. 192-218.

Sahn, E. D. and L. Haddad. 1991. "The Gendered Impacts of Structural Adjustment Programs in Africa: Discussion", *American Journal of Agricultural Economics*, Vol. 73, No. 5, pp. 1448-1451.

Vukenkeng, A. W. 1991. *A Study of Women Entrepreneurship: The case of Business Women in Douala, Cameroon*, Unpublished Maitrise Dissertation, University of Yaoundé.

Vukenkeng, A. W. 2009. "The Gender Factor in Entrepreneurship Performance in Cameroon", *Tropical Focus*, Vol. 10, No. 2, pp. 151-171.

149

Vukenkeng, A. W. 2008. "The Gender Factor in Formal Business: A Cameroonian case study" in C. Lambi (ed.) *Human Rights and Development*, Proceedings of post-graduate seminar in the Faculty of Social and Management Sciences, 23rd November 2008, University of Buea, pp. 60-88.

Vukenkeng, A. W. 2010. "The Influence of Culture on Rural Entrepreneurship: A Nso Case study in Cameroon", *International Journal of Humanities*, Vol. 2, No. 4, pp. 47-53.

Wellman, B. 1985. "Domestic Work, Paid Work and Network." in S. Duck and D. Perman (eds.) *Understanding Personal Relationships: An Interdisciplinary Approach*. Beverly Hills, CA: Sage, pp. 159-91.

World Economic Forum. 2007. *Entrepreneurship and Competiveness in Africa 2007*. http://www.evancarmichael.com/African-Accounts/1663/30-Characteristics-of-mens-and-womens-enterprises-Gender-Entrepreneurship-and-Competitiveness-in-Africa-2007.html. Retrieved on 03/08/11

7

Écriture coloniale et situation de la femme: Une lecture analytique de *Durchs unbekannte Kamerun. Beiträge zur deutschen Kulturarbeit in Afrika* de Lene Haase

Ndeffo Tene Alexandre

L'écriture féminine est généralement caractérisée par un engagement en faveur des femmes par rapport aux problèmes qu'elles rencontrent dans la société (exclusion, discrimination, manque d'autonomie, etc.). La femme a souvent été reléguée au second plan. Même dans la société occidentale contemporaine où, à compétences et performances égales à celles des hommes, les femmes perçoivent généralement une rémunération inférieure à celle de leurs collègues masculins[i]. Aujourd'hui, dans le tiers-monde, la situation visible de la femme n'est pas très enviable, même si, dans la société traditionnelle, elle exerce parfois un pouvoir discret, mais bien réel.

L'écriture constitue une arme d'émancipation non seulement parce qu'elle permet de dénoncer certains abus, mais également – comme dans le cas qui nous intéresse ici – parce qu'elle a permis à une femme de prendre une revanche ferme sur une situation d'infériorité en conquérant une position de supériorité absolue. C'est cette revanche que nous analysons dans les lignes qui suivent à la lumière d'un récit rédigé par une femme qui a accompagné son mari médecin dans ses tournées professionnelles pendant la période coloniale allemande. Il s'agit de *Durchs unbekannte Kamerun. Beiträge zur deutschen Kulturarbeit in Afrika* (Voyage à travers le Cameroun inconnu. Contribution à la recherche ethnologique allemande en Afrique) de l'Allemande Lene Haase.

Présentation de *Durchs unbekannte Kamerun* de Lene Haase

Il s'agit d'un récit de voyage de 170 pages publié en 1915 aux éditions Egon Fleischel & Co. à Berlin. L'ouvrage, rédigé en alphabet gothique, contient une carte du Cameroun indiquant le tracé de l'expédition, ainsi que de nombreuses photos d'époque qui illustrent la description des peuples rencontrés, de leur habitat et de leur environnement, ainsi que des scènes de vie quotidienne et des paysages des régions visitées. L'auteur y raconte la tournée qui conduit son mari médecin dans l'*hinterland* camerounais en vue de vacciner les indigènes pour les prévenir d'une épidémie de variole qui menace de les décimer. Le couple, qui vivait à Victoria (cette ville s'appelle Limbe aujourd'hui), reçoit l'ordre de se rendre à Ossidinge, chef-lieu de la préfecture du même nom:

«*Wir waren noch an der Küste in Viktoria stationiert, als mein mann Befehl erhielt, sofort nach dem Bezirk Ossidinge in Nordkamerun an der Grenze von Englisch-Süd-Nigerien abzureisen. Es bestand der Verdacht, daß in den bisher noch unerforschten und erst vor wenigen Wochen durch eine militärische Expedition zum Teil unterworfenen Bergländern Pocken ausgebrochen seien. Die Anwesenheit eines Arztes erschien daher dringend erforderlich, um möglichst umfassende Impfungen unter der bedrohten Bevölkerung vorzunehmen.*» (*Durchs unbekannte Kamerun*, p. 3).

« Nous étions encore postés à Victoria, sur la côte, lorsque mon mari a reçu l'ordre de se rendre dans le district d'Ossidinge, au nord du Cameroun[ii], à la frontière avec le sud du Nigéria anglais. Il y avait des raisons de penser qu'une épidémie de variole s'était déclenchée dans les villages de montagne, qui n'étaient pas encore explorés, mais qui avaient été en partie conquis par une expédition militaire. Il était donc urgent qu'un médecin s'y rende afin de vacciner le plus de personnes possible dans la population menacée. »

Le récit comporte une description détaillée de l'expédition, des peuples rencontrés, de leur mode de vie (habitat, activités) et de leurs mentalités, ainsi que des observations de l'auteur sur les problèmes des colonies en général et sur la politique coloniale allemande. C'est ainsi que le lecteur suit les voyageurs en pays bakweri, duala, wute, bulu, otong, bayo, tanka, basho, bayang, bali, bataka, efang, befang, mpeng, yaoundé, kanebum, etc.

Si Lene Haase raconte, de manière assez objective, l'expédition qui la conduit à travers la colonie camerounaise et déclare qu'elle considère son œuvre comme une contribution au travail d'ethnographie effectuée par les chercheurs allemands dans leurs colonies à l'époque[iii], elle ne manque pas d'aborder le problème des femmes dans la société coloniale. Et elle le fait même avec une telle constance que son texte pourrait être considéré comme étant essentiellement dédié aux problèmes des femmes. Dans *Durchs unbekannte Kamerun*, la condition féminine constitue manifestement une « métaphore obsédante » (Charles Mauron : 1963). Il ne serait donc pas exagéré de considérer le récit de Lene Haase comme une contribution à l'émancipation des femmes. Elle affirme d'ailleurs s'être intéressée à la « condition féminine au Cameroun » («*die Frauenfrage in Kamerun*», p. 65). C'est cet aspect, d'ailleurs très significatif dans *Durchs unbekannte Kamerun*, que nous allons étudier en profondeur dans les lignes qui suivent.

Définitions des concepts

Avant de démontrer, à la lumière du récit de Lene Haase dans quelle mesure l'écriture a contribué à l'émancipation de l'auteur en particulier -et de la femme en général-, une définition et une description des manifestations (telles que représentées dans *Durchs unbekannte Kamerun*) de la marginalisation de la femme d'une part et, d'autre part, de son émancipation nous semble opportune.

La politique culturelle féministe constitue la base de nos analyses qui suivront. Les deux premiers piliers du féminisme, tels que présentés par Ziauddin Sardar et Borin van Loon (1999) sont la lutte pour l'égalité des sexes et la promotion de la spécificité féminine. D'une part, il est question, pour les femmes, d'obtenir les mêmes droits que les hommes et un traitement égal dans des domaines tels que l'emploi, l'éducation, etc. D'autre part, il s'agit même de transcender cette égalité pour accéder à une position privilégiée par rapport à celle des hommes, donc d'inverser la tendance décriée.

C'est donc autour de ces deux premiers piliers du féminisme que s'articuleront les réflexions suivantes inspirées du récit de Lene Haase sur la condition féminine et l'émancipation de la femme.

La marginalisation

Généralement, elle est entendue comme la négation à la femme de certains droits élémentaires tels que l'autodétermination. À travers le refus de ce droit, c'est la participation à la prise de décision et, par là-même, à la gestion des affaires publiques qui leur est refusée.

Le refus de l'autodétermination s'exprime par exemple à travers le fait de considérer la femme comme étant un personnage mineur qui a toujours besoin d'un tuteur. C'est ainsi que le droit de vote, la principale forme d'autodétermination dans la société, a longtemps été refusé aux femmes dans la plupart des sociétés du monde, avant de leur être progressivement accordé à la suite de luttes difficiles. Aujourd'hui encore, cette conquête n'est toujours pas complète. Il n'est qu'à considérer la situation de la femme dans certains pays arabes ou certaines sociétés africaines pour s'en convaincre.

Ainsi, elles n'ont pas (ou trop peu) voix au chapitre en ce qui concerne la gestion des affaires publiques.[iv] Les femmes sont donc généralement considérées comme des personnes mineures dans la société, et ne sont actrices que dans des rôles mineurs qui leur sont réservés et dont elles ont du mal à s'affranchir.

Qu'est-ce que l'émancipation ? – Comment se manifeste-t-elle ?

Si la marginalisation de la femme s'apparente à une infantilisation, l'émancipation, elle, est un affranchissement de celle-ci, une libération du joug dans lequel elle a été confinée. Il s'agit pour la femme de la conquête de droits qui lui ont été refusés par la société dans laquelle elle vit.

Pour revenir aux objectifs de la lutte féministe mentionnés plus haut, ils constituent les signes d'une émancipation réussie : droits égaux à ceux des hommes dans des domaines aussi importants que l'éducation ou l'emploi, mais également, chaque fois que cela est possible, une place supérieure à celle des hommes dans la mesure où la société serait, idéalement, organisée par rapport aux intérêts des femmes.

Comment se manifeste cette marginalisation et l'émancipation souhaitée dans *Durchs unbekannte Kamerun* de Lene Haase ?

Que nous enseigne le roman de Lene Haase sur la marginalisation de la femme ?

Les concepts ayant été expliqués et le cadre dans lequel nous évoluons défini, nous pouvons examiner le récit de Lene Haase pour tirer les enseignements qu'elle y a consignés sur la condition féminine. Nous considérerons essentiellement deux catégories de cas ici. D'une part, nous allons examiner ce que nous raconte la narratrice sur sa situation personnelle de femme -et d'épouse- allemande dans la colonie camerounaise. D'autre part, nous verrons ce qu'elle constate sur la place de la femme dans la société coloniale qu'elle visite. Pour chacune de ces deux catégories de cas, nous étudierons premièrement l'infantilisation de la femme, puis, deuxièmement, son émancipation.

Sur la marginalisation de la femme ?

En ce qui concerne la narratrice, le lecteur apprend qu'elle est l'épouse d'un médecin allemand qui travaille dans la colonie camerounaise. Elle suit son mari dans ses tournées et l'assiste dans son travail. Elle ne mentionne rien sur sa propre carrière, ce qui laisse supposer qu'elle est femme au foyer et que sa raison d'être est d'être auprès de son mari partout où il se rend et dans toutes les activités

155

qu'il mène. L'épouse Lene Haase est donc une citoyenne qui vit à l'ombre de son mari. Elle n'existe qu'à travers son époux, dont les activités conditionnent les siennes. Vivant en retrait de son mari, elle ne participe à la marche de la société qu'en lui servant d'assistante, qu'en le soutenant dans ses activités à lui. Son opinion n'est sollicitée nulle part.

Au regard de ce qui précède, il n'est donc pas du tout exagéré de décrire la narratrice comme une citoyenne de seconde zone du seul fait de son statut de femme. Si cette situation n'est pas très reluisante, elle est quand même de loin meilleure que celle des femmes indigènes rencontrées dans la colonie.

La narratrice n'est pas la seule blanche qui ne suit son mari que pour lui servir d'assistante, ce qui laisse à penser que le phénomène n'était pas isolé, et donc devait être considéré comme étant normal. Elle mentionne le cas du couple de missionnaires qu'elle a rencontré à Ossing. La narratrice loue le courage de l'épouse du missionnaire, qui était la seule blanche dans une région particulièrement hostile :

«Die tapfere Missionarsfrau, die mit ihrem Mann ganz allein unter dieser großen, der Mission nicht gerade freundlich gesinnten Bevölkerung lebt, war die letzte weiße Frau, der wir für längere Zeit begegnen sollten.» (p. 22)

« La courageuse épouse de missionnaire, qui vivait toute seule avec son mari au milieu de cette nombreuse population hostile à la mission, était la dernière femme blanche que nous avons rencontrée sur une longue période. »

Dans toutes les communautés qu'elle a traversées, la narratrice a trouvé des femmes dont le statut n'est pas supérieur à celui des enfants. Même dans des villages où les hommes ne sont pas nombreux (p. 10), les femmes n'ont pas voix au chapitre. Les femmes des colonies n'ont même pas le privilège de jouer le rôle d'assistantes auprès de leur mari. Leur rôle est plus proche de celui d'une domestique. C'est en fait le rôle auquel peuvent être assimilées les

156

femmes qui accompagnent leurs maris dans la suite de l'expédition médicale à laquelle participe la narratrice.

Autre fait qui a marqué la narratrice : La femme est même traitée comme un objet. Les hommes « achètent » leur future épouse (voir à la page 20 l'exemple du jeune homme venu de Douala qui s'achète une épouse pour fonder une famille). Elle peut également être offerte à un homme comme récompense. C'est par exemple le cas pour les soldats méritants qui, après une victoire, reçoivent une femme comme trophée en guise de félicitations pour leur bravoure au combat. Il est vrai que la narratrice mentionne cette tradition au passage comme une pratique qui a cessé, mais l'important ici est qu'elle a existé, et qu'elle illustre le mauvais traitement dont ont souffert les femmes :

«Der Ersatz der Schutztruppe macht jetzt Schwierigkeiten. Monroviasoldaten melden sich nicht mehr; der geringe Gold lockt nicht; es gibt immer weniger grosse Gefechte; man gibt ihnen nach dem Sieg keine Weiber mehr; *man glaubt in Zukunft mit Humanität Kolonialkriege führen zu können.»* (p. 30)

« Le remplacement des troupes est devenu difficile. Les soldats de Monrovia ne s'engagent plus ; le peu d'or offert n'attire plus ; il y a de moins en moins de grandes batailles ; *on ne leur offre plus de femmes après la victoire* ; on croit pouvoir, à l'avenir, mener des guerres coloniales avec humanité. »

Un autre exemple d'infantilisation est également intéressant à noter : les hommes répondent des actions de leurs femmes, ce qui confirme qu'elles sont considérées comme des personnes mineures. C'est ce qui transparait de ce passage où il est indiqué que les recrues qui participent l'expédition ne sont admises dans le groupe que si elles s'engagent à discipliner les membres leur famille qui les accompagne : *«Die Soldaten, die (...) für die Taten ihres Anhanges verantwortlich waren (...)»* (« Les soldats, qui sont (...) *responsables des actes de leur suite* (…) », p. 73). C'est pourquoi les soldats et les autres employés avaient le droit –et même le devoir !- de punir leur suite de la manière la plus violente si nécessaire. C'est ainsi que des soldats, avec l'autorisation de leurs employeurs blancs, battent leurs femmes sans ménagement pour des délits réels ou supposés.

Pour s'être laissé aller au pillage d'un des villages traversés, les femmes et les jeunes de la caravane ont été fouettés par leurs tuteurs respectifs. Remarquons cependant que la fessée n'a pas eu lieu sans l'autorisation des maîtres blancs. Peu après le délit, et après s'être assuré que les maîtres n'avaient pas apprécié l'incident, chacun des fidèles serviteurs a obtenu l'autorisation des maîtres avant d'infliger la fessée méritée :

"(…) Es dauerte gar nicht lange, so erschien Dahey vor unserem Quartier, äußerst ergrimmt, stellte sich in stramme Positur und schnarrte: "Massa, I flog my woman?" (Massa, darf ich meine Frau prügeln?).

"Yes, flog him", sagte mein Mann.

Darauf erschien der kleine Coffee. Ängstschweiß stand ihm vor der Stirn. Dennoch fragte auch er: "Massa, I flog my woman?"

"Yes, flog him."

Einer nach dem anderen erschien und hatte dieselbe Frage auf dem Herzen: "Massa, I flog my woman?"(…)

Nach kurzer Zeit gellte den auch das Zetergeschrei der Soldatenweiber gen Himmel, und äußerst komisch war es anzusehen, wie der kleine Coffee mutig geworden war und sein dickes Manta-Weib herzhaft mit einem Bambustöckschen bearbeitete." (pp. 73-74)

(…) « Il ne s'est pas écoulé beaucoup de temps avant que Dahey apparaisse devant nos quartiers, la mine défaite. Au garde-à-vous, il demanda : "Massa, I flog my woman?" (Massa, puis-je battre ma femme?).

"Yes, flog him", répondit mon mari.

Ensuite arriva le petit Coffee. La peur se lisait sur son visage. Néanmoins, il demanda: "Massa, I flog my woman?"

"Yes, flog him."

Chacun vint à son tour pour poser la même question : "Massa, I flog my woman?" (…)

Peu après, l'on pouvait entendre les pleurs stridents des femmes des soldats ; Il était assez amusant de voir le courage que le petit Coffee déployait en battant de tout son cœur sa grosse femme manta avec un bambou. »

Par ailleurs, les injustices, comme des punitions imméritées, n'étaient pas rares, comme l'illustre l'exemple suivant :

«*Die Frau des heilgehilfen Johannes hatte eigentlich gar nichts getan (…); dennoch prügelte er sie weidlich mit ihrem Regenschirm; ganz nach dem russischen Sprichwort: « Liebe dein Weib wie deine Seele und klopfe es wie deinen Pelz »*"» (p. 74).

« La femme de Johannes, l'aide-soignant, n'avait rien fait (…), mais elle fut copieusement battue avec son parapluie, comme dit le proverbe russe : "Aime ta femme comme ton âme, mais bastonne-la comme un tapis" ».

Cette description peu reluisante pourrait donner des raisons de penser que la situation des femmes est sans espoir. Mais loin s'en faut. Il existe suffisamment de raisons de considérer le récit de Lene Haase comme un plaidoyer pour la cause des femmes.

…Et sur l'émancipation de la femme ?

Pour ce qui est de la femme des colonies, le récit de Lene Haase ne nous indique pas beaucoup de cas d'émancipation. Il n'est pas souvent question d'affranchissement des femmes des communautés visitées du joug qui les entravent. Peut-être faudrait-il considérer qu'en ce qui les concerne, la description de leur situation et, par là même la dénonciation de leurs problèmes, constitue le premier pas vers une émancipation future. La dénonciation et la prise de conscience des injustices décriées constituent en effet la première étape –peut-être même la plus importante- dans la lutte contre les inégalités et les injustices dont sont victimes les femmes des colonies. Le récit de Lene Haase pourrait par conséquent être considéré comme l'une des premières contributions à la lutte pour l'affranchissement des femmes au Cameroun.

Toutefois, nous pouvons relever deux exceptions notoires. Dans un cas, la narratrice présente un personnage dont elle a entendu parler à Ossing, et dont l'histoire de la relation exceptionnelle qu'il entretenait avec son épouse avant son décès lui a semblé remarquable[v]. Dans un autre, elle relève le cas d'une femme qui a pu imposer le respect à son entourage par la force.

L'une des histoires exceptionnelles racontées par la narratrice est celle d'un homme mort jeune et dont la décoration de la tombe, trop luxueuse pour appartenir au villageois moyen, attire son attention. Après avoir interrogé les indigènes sur la personne enterrée, la narratrice apprend qu'il a été exécuté par ses concitoyens jaloux de son succès. L'homme avait longtemps vécu à Douala où il travaillait comme *boy* chez des européens. Il avait beaucoup appris de ses maîtres et avait non seulement accumulé un savoir exceptionnel, mais aussi amassé une petite fortune. Souffrant de nostalgie, il avait décidé de retourner s'installer dans son village natal où il n'a pas tardé à prendre femme et à fonder une famille. Jaloux de son succès et surtout de son intelligence, les autres villageois ont commencé à le détester. Même sa femme, ne comprenant pas qu'il la traite comme une personne égale, le trouve suspect et commence également à le mépriser. Après le décès de son fils, elle l'accuse d'avoir tué ce dernier par la sorcellerie. Les villageois sautent sur l'occasion et l'exécutent pour un délit qu'il n'a pas commis. (Voir pages 20 et 21 du récit) :

« *Der junge Mann (…) war vor Jahren zur Küste als Boy gegangen. Dort hatte er allerhand gelernt, war furchtbar klug geworden und hatte viel Geld verdient. Endlich aber packte ihn noch das Heimweh, und er kehrte, mit einem vollständigen Herrenanzug, gelben Stiefel und vielen anderen Schätzen belanden, wieder nach Ossing zurück. Hier kaufte er sich eine Frau* » *und wurde auch bald Vater eines Sohnes. Aber so recht heimisch hätte er doch nicht wieder werden können. Außer der schönen Kleidung hatte er auch eine gewisse Aufklärung von der Küste mit heraufgebracht. Seine Landsleute merkten, daß er klüger war als sie, und darum haßten sie ihn. In Duala hatte er gesehen, wie höflich die Weißen gegen ihre Frauen waren, und er behandelte daher sein Weib besser, als landesüblich war. Sie verstand das aber falsch und verachtete ihn. Als sein Sohn plötzlich starb, war sie die erste, die ihn der Zauberei beschuldigte.* » (pp. 20-21)

« Le jeune homme (…) était allé sur la côte il y avait plusieurs années pour y travailler comme boy. Il y avait appris beaucoup de choses, était devenu très intelligent et avait gagné beaucoup d'argent. Finalement, pris de nostalgie, il était retourné à Ossing avec un costume, des bottes jaunes et beaucoup d'autres objets précieux. Il y avait acheté une femme et n'avait pas tardé à devenir père d'un garçon. Mais il n'aurait pas dû se sentir aussi bien chez lui. En plus de ses beaux vêtements, il avait aussi ramené de la côte une certaine ouverture d'esprit. Ses concitoyens constatèrent qu'il était plus intelligent qu'eux, et le détestèrent pour cela. À Douala, il avait vu combien les blancs étaient polis vis-à-vis de leurs femmes. C'est pourquoi il traitait sa femme mieux qu'il n'était de coutume dans la région. Mais elle interpréta mal son comportement et commença à le mépriser. Quand son fils mourut subitement, elle fut la première à l'accuser de sorcellerie. »

Notons que l'une des choses qui différencient le jeune homme de son entourage est le traitement privilégié qu'il réserve à son épouse et sa courtoisie à l'égard de celle-ci. Malheureusement, même son épouse, qui est habituée à voir la femme maltraitée, ne comprend pas son mari et le méprise parce qu'il est différent des autres hommes du village.

Si cette histoire constitue une lueur d'espoir dans un contexte où la condition féminine n'est pas des plus brillantes, cette lueur est quelque peu ternie par le dénouement tragique de la vie du jeune homme. La fortune et les idées révolutionnaires qu'il a acquises à

161

Douala auprès de colons dont il était le domestique, et qu'il a tenté de mettre en pratique une fois rentré dans son Ossing natal, ont fini par lui coûter la vie. On pourrait être tenté d'en déduire un certain pessimisme quant au sort de la femme des colonies. Même son épouse, qui était pourtant la bénéficiaire de toutes ses attentions, n'a pas compris (ni su apprécier) sa situation privilégiée par rapport à ses concitoyennes : N'est-ce pas elle qui a inventé les accusations qui ont fini par coûter la vie à son mari ? L'impression soulevée ici est qu'il n'est pas possible d'être plus royaliste que le roi, qu'on ne peut pas réussir à libérer les femmes d'un joug dont elles ne sont pas conscientes, auquel elles ne trouvent par conséquent rien à redire, et qu'elles acceptent donc volontiers. La leçon de l'histoire semble être que pour qu'une émancipation réelle ait lieu, elle doit certainement être inspirée d'une prise de conscience des femmes et sera le résultat d'une lutte menée par elles-mêmes.

Toutefois, même si le jeune homme a échoué, il existe des raisons de penser que tout n'est pas perdu. En effet, il n'est certainement pas le seul indigène qui a subi une influence positive des Européens dans les grandes villes côtières. Tous les autres n'échoueront pas nécessairement de la même manière. Et on peut imaginer qu'ils feront des émules dans leurs communautés respectives.

Dans l'exemple suivant par contre, l'initiative de l'émancipation est venu d'une femme qui changé son statut par la force : Sa relation avec son mari est caractérisée par la crainte que ce dernier manifeste à l'égard de sa femme. Comme on le sait, les soldats et policiers indigènes étaient recrutés pour leur courage et leur absence d'états d'âme. Il fallait qu'ils soient capables d'exécuter les actes les plus barbares sans sourciller. C'est d'ailleurs la raison pour laquelle ils étaient souvent recrutés hors du pays où ils devaient servir. Il ne fallait surtout pas qu'ils hésitent à exécuter un ordre parce que celui-ci les aurait obligés à déployer une certaine férocité à l'encontre de parents ou d'amis, ou tout simplement de personnes de la même communauté qu'eux.[vi] Est-il alors possible d'imaginer un de ces soldats craignant une femme ? Qui pis est, son épouse ? C'est pourtant ce qu'a observé la narratrice à Ossidinge. Elle relève le fait

162

surprenant qu'un soldat, qu'elle connait pourtant bien pour son courage, vive sous la domination de sa femme, une grosse matrone, et la craigne plus que tout :

«Der Soldat stand ein wenig unter der Pantoffel eines dicken, großen Mantaweibes. Später hat er noch bewiesen, daß er zwar sein Weib fürchtete, sonst aber nichts auf der Welt.»(p. 39)

« Le soldat se tenait un peu sous la botte d'une grosse et grande femme manta. Il a prouvé plus tard qu'il craignait certes sa femme, mais n'avait peur de rien d'autre au monde. »

L'insistance sur le physique de la femme n'est pas anodine. Il a certainement été question de faire comprendre qu'elle est dotée d'une force physique peu commune, laquelle lui a permis d'imposer à son mari un certain respect. Pour qu'il éprouve pour sa femme une telle crainte, le pauvre homme avait certainement dû subir les foudres de sa tendre moitié.[vii]

Voici un cas que nous présente la narratrice de *Durchs unbekannte Kamerun* pour nous montrer comment la femme des colonies peut conquérir son émancipation. Il lui suffit d'utiliser les mêmes armes que les hommes : la force brute, la violence. À condition, bien entendu, qu'elle en soit pourvue elle-même.

Il est assez intéressant de noter que le fait, pour la narratrice, de présenter à son lecteur, dans le même texte, une description de sa situation propre et de celle des femmes camerounaises, force une comparaison qui pourrait inspirer les défenseurs de la cause des femmes : D'un côté, le lecteur découvre une femme libre, qui est souvent admirée parce qu'elle peut faire tout ce que font les hommes, et de l'autre, il voit des femmes qui sont traditionnellement classées dans la même catégorie que les enfants.[viii] Quelques extraits tirés du texte :

« (...) Als ich nachher ein grosses Schwein, das geschlachtet werden sollte, um seine Qualen abzukürzen, mit einem einzigen Schuß ins Hirn

niederstreckte, ließ der Häuptling mir mit resignierter Miene sagen: « White man, he savy too much! »(Weißer Mann, er weiß zu viel!)

Mit „White man" meint er nicht nur die Europäer im allgemeinen, sondern in diesem Falle auch mich persönlich. Es ist mir nämlich trotz aller Bemühungen nicht gelungen, die Bergheiden zu überzeugen, daß ich eine Frau sei. » (p. 66)

« (...) Plus tard, lorsque, pour abréger les souffrances d'un gros porc qui devait être abattu, je lui ai logé une balle dans la tête, le chef me fit dire la mine résignée : „White man, he savy too much!" (L'homme blanc connait beaucoup de choses !)

Par 'White man', il n'entendait pas seulement les Européens en général, mais il me désignait personnellement ici. En fait, malgré tous mes efforts, je n'ai pas pu convaincre les habitants des montagnes que j'étais une femme. »

Il est vrai que l'auteure a également vécu des expériences contraires, comme dans le camp d'Ofun où les hommes refusent de la considérer comme un être égal malgré sa performance exceptionnelle (supérieure à la leur) à l'exercice de tir qu'ils ont organisé. Toutefois, cette hostilité déclarée n'a pas duré longtemps parce que la narratrice s'est imposée par ses performances:

«Da Hauptmann X. und mein Mann am anderen Tag eine längere dienstliche Besprechung wegen der vorzunehmenden Impfungen hatte, machte ich eine Schießübung der schwarzen Truppen mit und muß sagen, daß ich mich lange nicht so gut amüsiert habe wie bei dieser Gelegenheit.

Bei Morgengrauen marschierten wir nach den Schießständen.

Es handelte sich um gesetzmäßiges Schießen auf Entfernung von hundertundfünfzig Metern nach Vollscheibe, einen schwarzen Soldaten darstellend, und später auf die deutsche Kopfscheibe: Soldat in feldgrauer Uniform, im Schützengraben im Anschlag liegend. Zielobjekte nur: Kopf, Schulter, Teil des Armes und Gewehrlauf.

Die braven Landknechte waren vollständig starr gewesen, als ich mich zur Übung ausrückte. Eine weiße „Mami" (das Wort „Missi" ist hier noch ziemlich unbekannt!), die in Breeches Buschreisen machte, war in dieser Gegend noch nicht vorgekommen. Nun gar eine, die noch schießen wollte, was doch Männersache war; - sie fanden es einfach unglaublich!

Wenn man bedenkt, welche Stellung die eingeborene Frau einnimmt, die gekauft, verkauft und vertauscht wird, wie ein Haustier, so kann man es dem Schwarzen gar nicht übelnehmen, wenn er sich auch die Rangstufe der weißen Dame nicht viel anders vorstellt.» (pp. 28-29)

«Puisque, l'autre jour, le commandant X et mon mari avaient une séance de travail prolongée pour préparer la campagne de vaccination, j'ai participé aux exercices de tir des soldats indigènes, et je dois dire que je me suis amusée à cette occasion comme je ne l'avais pas fait depuis bien longtemps.

À l'aube, nous avons marché vers les stands de tir.

Il s'agissait de tirs réglementaires à une distance de cent cinquante mètres. Les cibles étaient d'abord une figurine représentant un soldat noir, puis une tête allemande : Un soldat dans son uniforme gris, dans une tranchée, et en position de tir. Les seules parties visibles étaient la tête, les épaules, une partie des bras et le canon de son fusil.

Les braves indigènes sont devenus complètement raides en me voyant arriver pour l'exercice. On n'avait encore jamais vu dans la région une "Mami» blanche (le mot "Missi" est encore pratiquement inconnu ici !) qui participe à une expédition vêtue de Hauts-de-chausses. En plus, une qui voulait participer à des exercices de tir – une affaires d'hommes ! Ils trouvaient cela incroyable !

Quand on considère la place qu'occupe la femme indigène, elle qui est achetée, vendue et échangée comme un animal domestique, on peut comprendre que les hommes indigènes n'aient pas beaucoup d'estime pour la femme blanche. »

Voici comment la victoire remportée dans ce défi par la narratrice a fini par renverser la vapeur :

«*Als der Polizeimeister schließlich die Treffer zusammenzählte, hatte ich doch noch mit mehreren guten Treffern über den besten Schützen, den Feldwebel, gesiegt. Ich habe mich selten so gefreut und einen solchen Stolz empfunden, als wenn die beiden Soldaten an der Scheibe die roten Mützen schwenkten, was Zentrum bzw. Kopfschutz bedeutete.*

Keiner ärgerte sich über meinen Sieg. Beim Zurücktreten sah ich lauter strahlende Gesichter um mich, und die „Uhs", „Ohs" und „Iiiis" wollten kein Ende nehmen. Jedenfalls hatte die weiße Dame in den Augen dieser Leute bedeutend an Ansehen gewonnen.

Wie Hauptmann X. später noch schrieb, habe ich mir bei dieser Schießübung „die Herzen sämtlicher Ossidinger Landsknechte erobert."» (p. 29)

«Quand le l'officier de police a compté les points à la fin, j'avais fait beaucoup mieux que le meilleur tireur, le sergent-chef». J'ai rarement été aussi contente et éprouvé une telle fierté que lorsque les deux soldats envoyés examiner les cibles agitaient leur béret rouge, ce qui signifiait touché au centre ou à la tête.

Personne n'a mal pris ma victoire. En me retirant, je n'ai vu autour de moi que visages rayonnants, et les « Uhs », « Ohs » et « Iiiis » étaient interminables. Dans tous les cas, la femme blanche venait de gagner véritablement l'estime de ces gens.

Comme le commandant X l'a encore écrit plus tard, à l'issue de ces exercices de tir, j'ai «conquis les cœurs de tous les hommes d'Ossiding».

La comparaison ainsi effectuée par la narratrice pourrait être interprétée comme un appel lancé au monde[ix] en faveur des femmes, un plaidoyer pour une prise de conscience collective par rapport à leur condition peu enviable. Nous voyons là une femme allemande qui se montre solidaire des femmes africaines qu'elle a rencontrées dans le milieu où elles vivent et qui leur est hostile. La narratrice exprime par là à la fois sa fierté de femme libre et son empathie pour des congénères qui ne connaissent pas le même bonheur qu'elle.

L'essentiel du texte étant centré sur les expériences vécues par la narratrice, il semble tout à fait opportun d'examiner à présent la manière dont l'écriture a contribué à son émancipation.

Comment l'écriture contribue à l'émancipation de la femme : Le cas de Lene Haase et de son récit *Durchs unbekannte Kamerun*

L'écriture constitue, pour un auteur, un moyen de lutter contre de problèmes de sa société face auxquels il se sent impuissant. Elle constitue souvent une échappatoire, une fuite dans un univers fictif idéal créé comme un refuge où il se retire pour s'arracher à une réalité inacceptable. Mais en même temps, elle constitue une sorte de preuve d'un certain courage : Celui de dire non à des abus et de déclarer ce à quoi on aspire. La négation de la réalité correspond souvent à la destruction de celle-ci et s'accompagne généralement de la création de l'idéal : l'écrivain détruit symboliquement le monde réel et ses problèmes et construit dans ses textes l'environnement idéal qu'il aurait aimé voir, le monde utopique dans lequel il aurait aimé vivre. L'écriture est une prise de pouvoir dans un monde où, malheureusement, on n'a pas voix au chapitre : on prend le pouvoir de s'exprimer quand on est muselé ; on prend le pouvoir de commenter et de donner son point de vue sur les questions cruciales de l'heure quand on est laissé en marge du débat ; on prend le pouvoir de détruire le monde injuste et instable dans lequel l'on vit pour imaginer un idéal que l'on propose à ses lecteurs ; on prend le pouvoir de décrire et / ou de dénoncer les événements dont on est témoin lorsque le monde évolue sans nous demander notre avis.

Le récit de Lene Haase, nous allons le voir, illustre parfaitement la description ci-dessus : elle a décrit les événements qu'elle a vécus pendant son séjour dans la colonie allemande du Cameroun ; elle a dénoncé ce qui lui semblait inacceptable tant dans la vie quotidienne de la colonie que dans la politique coloniale de son pays ; elle a donné son point de vue sur les grandes questions de son temps ; elle a arraché un pouvoir qui n'était pas à sa portée pour s'émanciper du rôle de second plan dans lequel la confinait sa condition de femme.

Cette condition, nous l'avons vu plus haut, ne lui concède que le rôle d'assistante auprès de son mari. Elle s'y dévoue entièrement, et le joue manifestement bien, puisqu'il n'est nulle part question d'un quelconque conflit qui serait dû à une révolte de sa part.

Les seuls moments dont elle peut jouir à sa guise sont ses heures de loisir. Ces moments interviennent essentiellement lorsque son mari est absent de la maison, soit parce qu'il assiste à une réunion de travail (dont elle est naturellement exclue parce qu'elle ne fait pas partie du corps médical, ni de l'administration coloniale, comme dans le cas de la réunion de son mari avec le Commandant X., p. 28), soit parce qu'il est encore retenu par du travail. Elle les utilise pour s'adonner à une activité qui semble être sa préférée : la lecture. Ces rares moments de loisir sont ceux pendant lesquels elle se cultive à travers la lecture et s'exerce à l'écriture.[x] Ce sont également des moments de méditation, de réflexion sur ce qu'elle a observé au cours de ses voyages et dans les communautés qu'elle a visitées, mais aussi sur les grands problèmes de son temps. Ce sont ces moments de détente qui lui offrent l'occasion d'analyser la société dans laquelle elle vit.

C'est ainsi qu'elle offre à son lecteur une description des peuples qu'elle rencontre, ainsi que de leur cadre de vie. À travers son voyage, Lene Haase déplace symboliquement ses lecteurs, elle leur permet de visiter la colonie camerounaise sans quitter leur fauteuil. Son œuvre peut également permettre à ceux qui souhaiteraient visiter le Cameroun de se préparer au voyage.[xi] Sa situation de femme exclue des affaires l'a rendue capable de conquérir une place de courroie de transmission entre la colonie et ses lecteurs restés au pays. Et c'est consciente de ce rôle que, forte de son expérience sur le terrain, elle corrige certains préjugés qui ont cours en Allemagne et qu'elle semble déplorer. Considérons par exemple les idées reçues sur les conditions d'hygiène dans les colonies. La narratrice explique que les informations qui parviennent aux citoyens allemands ne sont pas toujours vraies :

« *Wir haben auf unserer ganzen Reise kaum die Zelte ausgepackt,* *immer die Hütten der Eingeborenen bevorzugt. Die Unreinlichkeit der* *Eingeborenen Kameruns wird von den Reisenden meist recht übertrieben* *geschildert. Die meisten Berichte stammen auch aus den Küstengegenden; ins* *Innere sind bisher außer Offizieren und Beamten noch nicht viel Weiße* *gekommen. (…) Im Inneren aber bauen die Leute meist recht hübsche,* *geräumige Häuser und halten sie auch verhältnismäßig sauber*» (p. 9).

« Nous avons à peine utilisé nos tentes pendant notre expédition parce que nous avons toujours préféré les cases des indigènes. L'absence d'hygiène chez les indigènes du Cameroun a toujours été décrite avec exagération par les voyageurs. La plupart des descriptions portent sur les régions côtières. Dans l'arrière-pays, il n'y a pas eu beaucoup de blancs en dehors des officiers et des fonctionnaires. (…) Pourtant, les habitants de l'arrière-pays construisent des cases vraiment jolies et spacieuses, qu'ils gardent relativement propres. »

Même les informations convoyées à propos des épidémies méritent d'être corrigées :

«*In Deutschland liest man so viel von dem verheerenden Auftreten der* *Schlafkrankheit in Kamerun und ist geneigt, diese Seuche für die* *hauptsächlichste zu halten. Es gibt aber viele Gegenden, die frei von* *Schlafkrankheit sind, dagegen keine einzige in ganz Kamerun, die frei von* *Lepra wäre*» (p. 26).

« En Allemagne, on lit tellement d'articles sur les ravages de la maladie du sommeil qu'on est tenté de croire que cette épidémie est la plus grave. Mais il y a tellement de régions où la maladie du sommeil est inconnue, alors que la lèpre, par contre, est présente sur toute l'étendue du Cameroun. »

À travers l'écriture, la narratrice prend également sa revanche sur son exclusion des affaires publiques. Bien que son avis ne soit pas sollicité, elle s'arroge le droit de le donner et offre même des analyses pertinentes par rapport aux problèmes de la colonie, et même sur la politique coloniale de l'Allemagne, comme l'illustre l'extrait suivant :

«Bascho ist der letzte und vorgeschobenste Europäerposten nach der englischen Grenze und unserer Sperrgebieten zu. Ein Polizeimeister is hier als einziger Weißer in weitem Umkreise mit einigen schwarzen Soldaten stationiert.

Es ist wohl unserer Sparsamkeit und der Abneigung des Reichstages gegen jede Ausgabe für die Schutztruppe zuzuschreiben, daß dieser gefährliche und verantwortungsvolle Posten nur von einem einzigen weißen Unterbeamten besetzt ist. Es wäre wohl keine übertriebene Vorsichtmaßregel, wenn Bascho zu einem Schutztruppenposten gemacht würde. Denn abgesehen von der fortwährenden Revoltengefahr steht unsere Besetzung dieses Teiles von Nord-Kamerun in keinem Verhältnis zu der starken militärischen Besetzung des benachbarten englischen Gebietes.

(…) Hoffentlich wird diese Sparsamkeit in Zukunft nicht erneuten Verlust von Menschenleben zur Folge haben !» (p.46).

« Bacho est le dernier poste –et aussi le plus éloigné- de notre territoire, après la frontière anglaise. Un officier de police est le seul blanc responsable d'une vaste région, et il est assisté d'un seul soldat noir

C'est à cause de nos restrictions budgétaires et de la réticente du parlement fédéral à dépenser pour nos troupes que ce poste dangereux et lourd de responsabilités n'est placé sous la responsabilité que d'un sous-officier blanc. La promotion de Bacho au statut de fort ne serait pas une mesure de sécurité exagérée. En effet, le risque permanent de révolte mis à part, le traitement que nous réservons à cette partie du nord-Cameroun n'a rien de comparable avec la forte présence militaire observée dans le territoire anglais voisin.

(…) Souhaitons que ces restrictions budgétaires ne soient pas la cause d'une augmentation de pertes en vies humaines à l'avenir ! »

En fait, l'auteur donne son avis sur pratiquement toutes les questions qui préoccupent les colons sur le terrain, mais également sur la manière dont la situation est gérée par les autorités allemandes de Berlin. C'est sa situation de femme en retrait, en marge de la société, qui lui a donné l'occasion de prendre le recul grâce auquel elle a pu observer la société, se cultiver, méditer, et composer son texte. Il est intéressant de noter que c'est finalement grâce à son texte qu'elle a pris sa revanche sur l'exclusion dont elle est victime en raison de son statut.

Conclusions

Le récit même de Lene Haase est une revanche sur une condition peu enviable de la femme qu'elle est, il constitue un mode d'émancipation qui la libère de sa condition de citoyenne de second plan : C'est grâce au récit de Lene Haase que son mari médecin -et le travail de ce dernier dans la colonie camerounaise d'alors- sont connus du grand public un siècle plus tard. Comme nous l'avons montré plus haut, l'auteur a exploité et rentabilisé sa situation pour s'élever à une position qui, finalement, pourrait être considérée comme étant même privilégiée et supérieure à celle de tous les hommes qui étaient aux affaires lorsqu'elle écrivait. C'est finalement elle qui les a présentés à la postérité, de la manière qu'elle a choisie en toute souveraineté.

L'écriture a permis à l'auteur de *Durchs unbekannte Kamerun* non seulement de décrire -et donc de dénoncer - certains abus dont elle est victime en tant que femme allemande au Cameroun pendant la colonisation allemande, mais également l'oppression des femmes indigènes dans leurs communautés. L'écriture a en même temps été le moyen d'émancipation qui a permis à Lene Haase de migrer de sa « position de faiblesse » à celle d'égalité, et même de supériorité vis-à-vis du sexe masculin.

Bibliographie

Ashford Lori : « Évaluation des progrès de la condition féminine », http://www.prb.org/pdf05/TakingStockWomens_FR.pdf, consulté le 10 décembre 2011.

Benninghoff-Lühl Sybille (1983), *Deutsche Kolonial-Romane 1884-1914 in ihrem Entstehungs- und Wirkungszusammenhang*, Bremen, Übersee-Museum.

Deutsches Kolonial-Lexikon (1920), *Vol. II, p. 685*, http://www.ub.bildarchiv-dkg.uni-frankfurt.de/Bildprojekt/Lexikon/Standardframeseite.php, consulté le 20.12.2011.

Geertz Clifford (1973), *The Interpretation of Cultures*, New-York: Basic Books

Haase Lene (1915) *Durchs unbekannte Kamerun. Beiträge zur deutschen Kulturarbeit in Afrika*, Berlin: Egon Fleischel & Co.

Mauron Charles (1963), *Des métaphores obsédantes au mythe personnel. Introduction à la psychocritique*, Paris : Editions José Corti.

Ndeffo Tene Alexandre (2008), « L'héritage de la présence allemande au Cameroun : Une source de documentation trop peu exploitée au Cameroun, ou : L'urgence d'une traduction des archives coloniales allemandes », in *Epasa Moto*, Bilingual Journal of Arts, Letters and the Humanities, University of Buea, Vol. 3, N° 1, August 2008, pp. 13-25.

Ngoh Victor Julius (1996), *A History of Cameroon From 1800 to Present*, Limbe

Ziauddin Sardar et Borin van Loon (1999), *Introducing Cultural Studies*, Cambridge: Icon Books.

Notes

---

[i] Voir Lori Ashford : « Évaluation des progrès de la condition Féminine »,
http://www.prb.org/pdf05/TakingStockWomens_FR.pdf, consulté le 10 décembre 2011.

[ii] A ne pas confondre avec le septentrion de la colonie proprement dit. En fait, il s'agit d'un district à l'intérieur du pays et plus au nord de Kamerunstadt (le nom administratif par lequel la ville de Douala était connue), dans le Département de la Manyu actuel.

[iii] Voir le sous-titre du récit: Beiträge zur deutschen Kulturarbeit in Kamerun : Contribution à la recherche ethnologique allemande en Afrique. Cliford Geertz définit l'ethnographie comme étant une simple collecte de données, plus ou moins organisée, sur une communauté. C'est précisément à cet exercice que s'est livré Lene Haase pour rédiger son récit.

[iv] Voir Lori Ashford, *op. cit.*

[v] Il est vrai que le dénouement tragique de l'histoire pourrait plutôt inspirer l'interprétation contraire, c'est-à-dire l'échec pur et simple d'un comportement révolutionnaire. Mais nous pouvons toujours considérer ce comportement comme une victoire parce qu'il a été observé dans un milieu dont les habitudes sont contraires.

[vi] Voir Victor Ngoh (1996).

[vii] Il est vrai que Coffee, le soldat en question a reconquis son autorité plus tard en infligeant à sa femme une fessée magistrale devant tout le monde (p. 74). Mais il s'agissait là d'une punition collective où chaque mari fouettait sa femme. La grosse matrone ne pouvait donc rien entreprendre pour se défendre et faire entendre raison à son mari.

[viii] Les femmes sont généralement considérées comme des objets, et sont traitées en conséquence : « (…) *Wenn man bedenkt, welche Stellung die eingeborene Frau einnimmt, die gekauft, verkauft und vertauscht wird, wie ein Haustier, (…)* »

173

« (…) Quand on considère la place qu'occupe la femme indigène, elle qui est achetée, vendue et échangée comme un animal domestique (…) »

[ix] Probablement en direction de l'administration coloniale, d'une part puisque le récit a été publié en allemand, langue que ne lisent ni ne comprennent les indigènes et, d'autre part, parce que celle-ci seule a le pouvoir de changer les choses dans les colonies.

[x] Cette activité, plutôt insolite dans le coin, lui a valu d'être la principale attraction du village d'Eschobi:

« *In Eschobi war noch nie eine weisse Frau gewesen, und die Dorfbewohner umlagerten unser Quartier in Massen, um mir, namentlich beim Schreiben und Lesen, interessiert zuzusehen.*"(p. 40)

« Aucune femme blanche n'avait jamais été à Echobi, et les indigènes envahirent nos quartiers pour m'observer avec beaucoup d'intérêt pendant que je lisais ou écrivais. »

[xi] L'auteur justifie son souci de faire la lumière sur certaines idées reçues en faisant remarquer que le public allemand est désinformé :

„*Kamerun ist die Kolonie, über die die wildesten Gerüchte und die wenigsten wirklichen Tatsachen im deutschen Publikum bekannt sind. Ich selbst hatte keine Ahnung von Kameruner Geschichte, ehe ich in das Land selbst kam, wogegen ich über die Kämpfe in Südwest schon in Deutschland schon immer so gut informiert war.*" (p. 35)

« Le Cameroun est la colonie au sujet de laquelle le public allemand reçoit les rumeurs les plus folles et le moins de faits réels. Je n'avais moi-même aucune idée de l'histoire du Cameroun avant de m'y rendre, alors qu'en Allemagne, j'étais toujours bien informée des batailles qui se déroulaient au Sud-ouest. »

Notes on Contributors

Emmanuel Yenshu Vubo, who holds the *Habilitation à Diriger des Recherches* (HDR) from the Université de Franche-Comté, Besançon, is *Professeur des universités* (Sociology, Demography) and lectures at the University of Buea, Cameroon. He has served as Head of Department of Sociology and Anthropology and is currently Vice-Dean in charge of Research and Cooperation at the Faculty of Social and Management Sciences of the same university.

Martine Fandio, who holds the Doctorat in the *Sciences du Langage* from the Université de Franche-Comté, Besançon, is Senior Lecturer at the Department of French of the University of Buea.

Oumarou Njoya, who is an Assistant Lecturer at the University of Douala, Cameroon, obtained a *Doctorat de 3e Cycle* in Anthropology from the Université Gaston Berger of Saint Louis in Senegal.

Farnyu Willian Tantoh graduated from the University of Buea, Cameroon, with a Masters Degree in Women and Gender Studies and is a part-time lecturer at the Department of Sociology of the same university.

Late Temngah Joseph Nyamboh was holder of the *Doctorat de 3e Cycle* from the University of Yaoundé II, Cameroon, and served as Senior Lecturer in Law at the Common Law Department of the University of Douala, Cameroon, where he was Head of Department prior to his death in 2007.

Vukenkeng Andre Wujung, who holds a Ph.D. in Economic Policy Analysis from the University of Yaounde, Cameroon, is an Assistant Lecturer at the University of Buea.

Alexandre Ndeffo Tene is holder of a Ph.D. in Comparative Literature from Saarland University, Saarbrucken, Germany and is Senior Lecturer in the Advanced School of Translators and

Interpreters of the University of Buea, Cameroon, where his a the Head of Division I (Translation).

www.ingramcontent.com/pod-product-compliance
Lightning Source LLC
Chambersburg PA
CBHW022318280326
41932CB00010B/1141